沙与柳

周心澄传略

凌龙 · 著

中国林业出版社

知者乐水，仁者乐山；
知者动，仁者静；
知者乐，仁者寿。

——《论语·雍也篇》

知者不惑，仁者不忧，勇者不惧。

——《论语·子罕篇》

谨将此书献给

周心澄先生八十寿辰

暨所有为毛乌素沙漠及中国荒漠化治理

做出贡献的人们！

图书在版编目（CIP）数据

沙与柳 : 周心澄传略 / 凌龙著. -- 北京 : 中国林业出版社, 2023.10
ISBN 978-7-5219-2398-8

Ⅰ. ①沙… Ⅱ. ①凌… Ⅲ. ①周心澄—传记 Ⅳ. ①K826.3

中国国家版本馆CIP数据核字(2023)第202150号

策划编辑：何　蕊
责任编辑：许　凯　何　蕊
封面设计：北京鑫恒艺文化传播有限公司

出版发行：中国林业出版社
（100009，北京市西城区刘海胡同7号，电话010-83223120）
电子邮箱：cfphzbs@163.com
网址：www.forestry.gov.cn/lycb.html
印刷：河北京平诚乾印刷有限公司
版次：2023年10月第1版
印次：2023年10月第1次
开本：710mm×1000mm 1/16
印张：16.75
字数：230千字
定价：120.00元

周心澄小传

汉族，北京市人，生于1944年7月，1967年毕业于北京林学院（现北京林业大学）林业系。毕业分配至陕西省榆林县马合农场“当农民”，后“再分配”至榆林县林业局。曾任陕西省榆林县治沙试验站站长，西北林学院（现合并至西北农林科技大学）水土保持系主任，北京林业大学林学院院长、水土保持学院院长，教授，博士生导师，培养硕士生、博士生30余名。曾兼任三届陕西省杨陵区人大常委会副主任，担任《中国水土保持科学》学术期刊主编至今。主持的研究项目曾获国家科技进步奖，后又多次获得省部级科学研究及教学成果奖。是原林业部有突出贡献的中青年专家，曾任中国林学会学术委员，中国沙漠学会、中国治沙暨沙产业学会理事，中华诗词学会会员。爱好广泛，风光摄影、笔墨丹青、诗词歌赋、电子技术均有涉猎，尤以旧体诗词见长，著有诗词集《笔韵流年》，以自然风光为主的摄影集《影韵流年》也即将出版。

序一

心澄兄长即将迎来八十寿辰，当此之时，收到了凌龙先生为家兄撰写的传记《沙与柳——周心澄传略》。兄长之于我，本就是高山仰止般的存在，捧读之下，更觉得心潮起伏，难以平静，故信笔写下了下面几句话，说是小序可，说是读后感亦可。

凌龙先生对兄长的描述，文字朴实无华，自“文化大革命”中饱受冤屈，困苦阻厄，至“流放”毛乌素沙漠，愈挫而志愈坚，踏遍万里黄沙，还大地一片绿荫；西北林学院掌教水保，传道、授业、解惑，桃李不言，下自成蹊；北京林业大学执掌教学、行政、科研，硕果累累。古人言“立德、立言、立行”，若吾兄者，皆无愧色！

吾兄人如其名，心地澄明，淡泊名利。他主持的治沙、科研、教学，多次获得过国家级、省部级科技进步奖、教学成果奖等奖项，为原林业部有突出贡献的中青年专家，享受政府特殊津贴，也曾在人民大会堂受到国家领导人接见，种种殊荣集于一身，学术研究见微知著，成果斐然，今以八旬高龄，仍担任核心学术期刊《中国水土保持科学》主编。然与其交往，如沐春风，绝不见一丝骄矜之色。入其居室，壁上唯见几幅淡雅的山水画，各种奖状、奖章、证书、照片杂乱堆积在一个抽屉中，浮尘肉眼可见，却从不见翻动，更不取以示人。曾问兄长：“何不展示一二，以见荣耀？”兄长答曰：“人生在世，处世行事，遵从本心可也！其他皆身外之物，何足道？”荣辱不系于心，盛衰不动其志，淡泊以明志，宁静而致远，吾兄是也！

查诸古代史籍列传及今世名人传记类读本，所叙多为帝王将相、名臣贤相；抑或有悖天理人伦之大奸巨恶，亦以传之，以警世人。若吾兄者，一平凡之读书人也，何以传之？然平凡之人，行平凡之事，却做出了不平凡的成就，何况八十载跌宕起伏、风风雨雨，颇富传奇色彩，更可以激励努力拼搏、积极向上的平凡诸生。凌君为之作传，慧眼识珠，正其宜也。

兄长一介书生，自无运筹帷幄、金戈铁马、气吞万里如虎的宏大叙事。凌君文笔朴实直白，叙事不蔓不枝，写兄长一生行迹，绘影绘形；叙一个知识分子的心路历程，惟妙惟肖。吾兄半生拼搏沙海，半生持教西席，对培养水保治沙人才，贡献良多；修身齐家，更为子孙后代所铭记。治沙所经之地，多誉之以“绿色使者”，沙海中傲然耸立的防护林带，绿洲中的漾漾碧水，更是对兄长及同仁永恒的纪念。

周心慧

2023年6月16日

序二

本书的出版，看似偶然，其实是冥冥之中的缘分。

前年，退休多年的父亲整理出一生所写的诗词，想装订成册，给子女及亲友留一点念想。而我，力促公开出版。父亲的诗词不能只是一点念想，应该有更多的意义。

出版父亲的诗词，得到了伙伴刘宁女士的大力帮助。她忙前忙后，做了大量不厌其烦的工作，其间还得到了她的老领导凌龙先生的不少帮助。因缘际会，我与凌龙先生也成了朋友。

凌龙先生帮助不少企业家出版过书籍，具有很深的文字功底。他认真阅读了父亲的诗词，赞叹之余，对父亲的传奇经历产生了浓厚兴趣。

凌龙先生是学农的，在杨陵生活过五六年时间，对老一辈农业科技工作者的生活比较熟悉，我正好想为父亲的八十寿辰送上一份特殊的礼物，一直在寻找这样一位合作伙伴，我们于是一拍即合，随即决定拜托凌龙先生写作此书。

在本书的写作、出版过程中，凌龙先生、刘宁女士和父亲的弟子们付出了大量心血。我们都有一个愿望，让这本书承载着我们的爱——对父亲、对自然、对存在、对生命，让这种爱走进更多人的心里。

/ 沙漠　孩子　天空 /

沙漠，对父亲是工作，对我则是童年，是记忆深处的风景。

夏日阳光刺眼，傍晚的沙漠，余温依然炙热，我和父亲躺在沙丘上。远处，几间平房，一丛丛沙柳，星星如盏盏明灯。我听父亲讲星星的故事：“北斗七星像一把勺子，随着不同季节，这把勺子一直在转。还有牛郎星、织女星……”就这样，我慢慢知道了光速、光年的概念，知道了月亮借太阳而发光，知道了如何在沙漠里辨别方向，知道了身处大自然人类的渺小。我对大自然充满了敬畏！

“漫天黄沙舞苍穹，遮天蔽日人无影。”沙漠里的孩子总会遇到风沙。风沙弥漫的天气，别的孩子往回跑，我却总想看一看：沙尘暴背后是否还是无边的沙海？是否点缀着点点绿洲？远处是否还有碧蓝的天空？烈日下的沙丘上是否还能映出我长长的影子？于是，我迎着风沙而去。每当这个时候，母亲往往会焦急地叫骂，而父亲总是等我被大风吹回，随意问几句我的感受。

如同生活在这片干涸的土地上的所有人一样，对于水，我既无比敬畏，又十分爱惜。至今，沙漠里的海子是我最美的记忆。她像一个柔情的女子，安安静静地躺在沙漠的怀里，妩媚多情，温润含蓄。因为玩水，母亲打过我很多次，父亲却从来没有。

/ 城市　学生　教室 /

古老、落后且充满故事的榆林老城。

父母在治沙试验站工作，离城区比较远，中午不能回家。于是，我带着妹妹，脖子上挂一把钥匙，成了家里的主人。没有父母的监管，我从此便与附近农村的一帮小孩子混在一起，成天闯祸：用弹弓打路灯，打碎教室的玻璃，往井里尿尿，欺负同桌的女孩儿，等等。因此，老师便开启了“叫家长”模式，无奈的父亲便将我送到业余体校学习打乒乓球，以收敛我的野性。

冬天的夜晚，西伯利亚寒风横扫老街，青砖铺设、凹凸不平的路面，不时发出风沙的摩擦声。破旧不堪的门面房的门板，不时发出诡异的响声。

随父亲进城上体校之后，晚上回家，走这样的路，我的心总吊在嗓子眼上。

体校下课是晚上9点，当时的榆林只是一个边远的小城，寒冬里这个点儿，街上早就没了人影。说好来接我的，我却没等到父亲！在委屈、恐惧中奔跑，眼泪、汗水湿透了脸颊，又迅速结成了冰。终于看到了家里的灯光，一口气撞门而入，却看见父亲正在炕桌前安静地看书，好像没事一样。“怎么不接我？”“哦，我忘了！哈，你这不是回来了吗？我儿子真勇敢！”“下次一定记着！”这是我们父子俩一场严肃的对话。然而，一次、两次、三次……他似乎从来就没有“记着”。慢慢地，我习惯了，也逐渐长成了大人。

1983年，全家人随父亲离开生活了14年的榆林，前往关中小镇杨陵，在那里安家。这是一个文化氛围浓郁、知识分子云集的小城，父亲在这里迎来了事业的春天。改革开放之初，百花齐放，百家争鸣，国家迅速进入了经济社会发展的快车道。在这样的大潮中，父亲在教室和田野，在科技与经济的舞台上，尽情地挥洒着自己的智慧和汗水，成就卓越，被评为林业部“有突出贡献的中青年专家”并获得“政府特殊津贴”。而我，由于耽误的功课太多，转学一学期后即被留级，还常常因为成绩不及格被老师告到家长面前。一次谈心之后，父亲将我带到他的教室，给我上了一堂只有我一个学生的课。我忘了他当时讲了些什么，却记住了父亲的严肃。从此以后，我终于明白了知识是有体系的，明白了基础知识的重要性。

/ 军营　军人　社会 /

一阵锣鼓喧天把我从睡梦中惊醒，父亲推门而入："你还去吗？"父亲穿着黑色皮衣，喘着粗气，一看就是刚从外面匆忙赶回家的。高中毕业半年无所事事，我一直闹着要当兵。有一天晚上骑摩托车，我撞上了路边的粪堆，摩托车报废，自己受伤休养了三个多月。作为几代知识分子家庭的孩子，我让父亲失望且伤心，半年来他很少与我说话。听到征兵动员，我思虑再三后报了名，今天新兵启程出征。

"我去！"我没有犹豫。"你也可以再考虑考虑。"父亲有些不舍，我却无比坚定。父亲送我到新兵集结地，目送我换装、列队，然后登车远去。

那个冬天特别冷，寒风刺骨，训练场上却热火朝天。转眼两个多月过去了，我从一名社会青年转变成了一名真正的士兵。作为消防战士，我们正在进行挂钩梯攀爬训练时，排长一声"周米京"，我立即立正回答："到！""到连部来一下！""是！"我一路小跑到达连部，推门进去，看到父亲正在与连长寒暄，母亲和大妹坐在一边。家人来看我了，部队首长特意给了我一小时假。父亲叮嘱我好好干，鼓励我"要做一个想当将军的好士兵"。

到中队以后，父亲来信鼓励我不要放弃对文化知识的学习，希望我有机会还是要参加高考，军校、地方院校皆可。在父亲的鼓励下，训练之余，我开始了文化课的复习，部队也很支持，特批我可以在"战士之家"学习到晚上11点。

三年的军旅生涯锤炼了我的意志，铸就了我吃苦耐劳、不畏艰难、坚忍不拔的品质。

1993年12月，我复员回到父母身边。父亲先让我去北京生活、锻炼了大半年。我从小在比较封闭的小镇长大，之后又在部队三年。因此，父亲想让我在祖国的政治中心、文化中心了解一下社会，接受一点先进文化的熏陶，以开阔视野。

1994年秋，我返回杨陵进入西北林学院（现西北农林科技大学）学习。上大学的第一天，父亲问我：“你准备怎么学习？”我习惯性地回答：“好好学习。”父亲很严肃地说:“现在你是大学生了，大学期间不可能把什么都学会，但记住一定要掌握学习方法，大学要学的更多的是学习方法，要学会自学。”

两年后我顺利毕业，开始了我的职业生涯。

/成家　立业　生活/

在北京漂荡、恋爱结婚及上学读书，都是父亲在背后支持着。父亲把儿媳当女儿一样看待，总说自己有“四个孩子”（我、两个妹妹和我的爱人）。那时，我刚跟爱人确定关系。为了让我们一起学习进步，父亲负担了我们的所有生活费用。每年开学，他都会把一年的四份生活费一次性交给我们管理，而且从不干涉我们怎么消费，只是要我们学会合理分配，保证一年的开销。

1996年是一个特殊的年份，这一年我结婚了，母亲却因病住院半年之久，这也是母亲在世的最后一年。春节刚过，母亲就离开了我们，这对父亲是一个无比沉重的打击。也许是想通过换一个环境来换一下心情，父亲便有了回北京的打算。我即使心有不舍，但还是支持父亲，北京毕竟是他的家乡。望着背着双肩包慢慢走远的父亲，我突然发现，他的背已经微微弯曲，我的眼泪瞬间滑落。父亲回北京安顿好后，打电话来让我处理了他的家具及房子，他的人生从此翻开了新的一页。

离开父亲才是我真正独立的开始。有相当长的一段时间，我有些不知所措。父亲离开杨陵后，我的生活突然变得拮据起来，过去享受的庇护戛然而止，令我猝不及防。刚刚工作的我回首过往，原来每一段人生经历，都是父亲用自己的经验、阅历，在适时地引领我，他希望儿子的人生道路光明且顺畅。突然之间，我才意识到父亲对我来说是多么重要。想想多年以来，不管发生什么事情都是父亲出面解决，不管遇到什么问题都是父亲在开导、化解。

学校要分房了，经济适用房首付要3万元，我当时只有3000元，差距很大，便给父亲打电话，父亲回答得很直接——没钱给我。现在想来，恰恰是父亲的这种“决绝”，才成就了今天的我。扶持子女发展，但在成年后坚决“断奶”，逼其独立，是父亲教育子孙的核心思想——事业独立，经济独立，生活独立，思想独立。独立意味着强大，强大以后会更加独立。这其实也是一种传承。

/ 写在最后/

父亲就要80岁了，《礼记》说，“八十杖于朝”，谓八十岁可拄杖出入朝廷，为国效力，心系国计民生的知识分子尤其重视80大寿。现在国家执行男性60岁退休政策，这对于父亲几乎没有意义，他并没有真正退休过，总是在忙碌着：知识、经验以及学术理念的整理传承，几乎占满了他所有的时间和空间。

父亲80年的人生，如今于凌龙先生热情、诚挚的笔端，徐徐展现在读者面前。这正是父亲留给我们和孙辈，以及众多学生最好的纪念。

谨为序，并感谢各方助缘！

周米京

2022年12月2日书于陕西杨陵

目录

引子

周心澄的父亲曾在西北师范学院（现西北师范大学，1953年，时年9岁的周心澄曾跟随父亲在兰州生活）、曲阜师范学院（现曲阜师范大学）、首都师范大学执教，学养精深。父亲虽然从文一生，却坚决反对长子周心澄从文。父亲的良苦用心，直到多年以后他才明白过来。最难理解的是，父亲是中国共产党党员，周心澄却直到父亲去世后才得知。

母亲曾在中学执教，后调入故宫博物院从事研究工作。从母亲在他

1947年母亲带周心澄兄妹后海留影并在照片背面题诗

（三年岁月去何迟　绿树凋零子满枝　咿哑小儿何所来　个中滋味慈母知

七月十二日韩萍戏笔）

3岁生日照片背面所题写的诗及其书法功底，人们亦可感受到书香门第的气息。

作为长子，他代表弟弟和妹妹，在母亲去世后写下了一篇深情的《祭母文》：

呜呼吾母，天性柔婉。护母乏力，追忆心伤。
紫衣白巾，中道玉殒。诗词菊韵，书法兰香。
北海执教，桃李纷纷。故宫阅古，牒卷洋洋。
生做子规，啼血滋育。逝化福星，庇佑天长。
终成事业，叩感慈恩。多少梦回，一惊断肠。
今聚膝下，肝胆相结。春华秋实，伏惟尚飨！

2021年，周心澄还特意在自己的诗词集《笔韵流年》扉页上写下了一行字——谨以此书告慰先慈在天之灵，以表达对母亲的无限怀念。书中收录了他1963年写的一首和诗：《七绝·次韵和1947年7月12日照片背面慈母戏笔》：

先慈追念雁书迟，后海抚存杨柳枝。
犹见童车怀旧影，箕裘相继报恩知。

1954年母亲与四子女合影

父亲为他取名周大石，希望他勇敢、坚韧。母亲为他和大妹、弟弟、小妹分别取名韩瀛、韩潛、韩澈、韩漪，均为水旁。瀛，意为大海，母亲希望作为长子的他像大海一样深邃、开阔。及至上学时，父母为他们分别取了一个学名——周心澄、周心明、周心慧、周心丽，连起来就是“澄明慧丽”。

从父母的期盼看，周心澄的命中应当既有石，又有水，其中究竟意味着什么，我们后面还会提到。但无论如何，人们都会据此得出一个结论：其家庭教养非同一般。

在这样的家庭氛围里，兄弟姐妹皆学有所成。周心澄本人毕业于北京林学院（现北京林业大学），大妹周心明毕业于北京工业大学，弟弟周心慧毕业于北京大学，小妹周心丽1989年赴美留学，获得博士学位后留在美国工作。

在四兄妹中，比周心澄小5岁的弟弟周心慧，可谓著作等身，他曾经出版过31卷本的《道教版画丛刊》及5卷本的《中国古代版画史纲》，是中国版画界的权威。周心澄出版《笔韵流年》，他为此书作序，这样描述哥哥：

> 家兄心澄，一生多舛，然心底澄明，大勇若怯，万事万物操之在我，遂于荆天棘地之中，披荆斩棘，成学界之巨擘；竹林之游，啸傲风月，温恭直谅，人与之交，如沐春风，咸以君子视之。
>
> 兄生于书香之家，长于诗书门第。天性睿敏，少而性耽艺文，千赋百诗，倚马可就。然，家父以中文执教国子，深恶之，必以为文史之学，非济世良方；经济之道，以理工为先。兄无奈，遂于壬寅之夏，登科北京林学院，攻读林学。课业之余，沉湎诗词文章，潜精研思，渐窥秘奥。
>
> 公元1966年，“文革”开始，兄长之文，或有讽喻，缇骑交至，竟以“莫须有”之罪名，拿解半步桥诏狱，然不过

半旬，以无据释之，旋分配至陕西榆林，事治沙之业。

西北苦寒，倍极艰辛，吾兄茅茨土阶，饮冰食蘖，而情愈旷、志愈坚。茫茫大漠，停辛伫苦，艰难竭蹶，尽展治沙长技；黄云冻月，呵笔寻诗，悲歌慷慨，徜徉恣肆，大漠风情，尽收眼底。榆林有司以兄制服沙魔，成绩卓著，欲擢兄持县农林局之牛耳；西北林院慕兄学术通达，德才兼备，西席虚位以待。兄逊谢有司诸公，曰：“余天性疏懒，又耿介不阿，治学恰可展吾长，入仕适以尽吾短也。”遂职林院，掌教水保。公元1998年初春，兄落叶归根，荣归北林。此期间，始如鱼得水，大展骥足，问鼎学术，硕果累累；桃李芬芳，遍于天下。瀚漠之中，渭水之畔，名动公卿，受突贡专家，享政府津贴；今耄耋之年，仍任《中国水土保持科学》学刊主编，声望之隆，誉满学界，隐隐然已是业界翘楚。

兄冲龄习诗词，艰苦困厄，不堕其志，不易其趣，迄于今日，笔耕千首有奇，且皆录之册页，保存至今，诚有心人也。读兄之诗词，或感伤离，情真意切；或诵大漠孤烟之美，笔力雄赡；或咏良师益友，豪侠意气；或感物抒怀，花间绮丽。诗格奇峭，词义隽永，状难写之景，抒拳拳之情，蓄无尽之意，或谓兄长半生之缩影，实为数十年社会光怪陆离之镜像。本色当行，直抒胸臆，得之在我，可以为诗，亦为个人之心史。诚如是，又何须羡李杜“仙”“圣”之名，慕柳词风行之盛哉？

余先慈早丧，家父苛酷，兄长常回护之，人谓长兄如父，是之谓也。若立言、立行、立学、立德，吾兄皆无愧，弟妹辈或有小成，亦兄长教导之力也。思之，常夙夜难寐，感极而涕下。

兄长退居林下，创逸闲斋诗社，鸿儒硕彦，济济一堂，网路虽遥，人在咫尺，吟风弄月，酬唱应和，其乐何如；或聚三五好友，纵情山水，烹泉煮茗，游心翰墨，往昔文士之雅集，莫过如是……

还是弟弟了解哥哥，不过千字，即活灵活现地勾勒出了哥哥的神与魂。

年轻时，周心澄曾做过一首《五律·1976年春，柳絮吟》，最能表达其情怀和志向：

运命如飞絮，漂沦四海家。
休谋贫富土，不问苦甜洼。
含笑迎云雾，开心对锦霞。
为成苍劲树，只管发春芽。

柳树集根干的坚定执着和枝叶的灵活浪漫于一身，正好刻画出了周心澄的品格。及至退休后，他还提议为外孙取名柳溪——溪水边，岸柳成行，生机盎然，颇有诗情画意，人们也可从中一窥其由心而发的审美取向。不难发现，他的性格中，确实有如柳树根干一样的坚定与执着，也有如柳树枝叶一样的灵活与浪漫，并且每个阶段又有所不同。

以他的天分和家庭背景，他原本可以做一名浪漫的艺术家，或者学富五车的文学教授，只是生活总是出人意料——包括他本人在内的所有人都没有想到，这棵骄傲的柳树居然被意外地移栽到了陕北榆林的荒漠之中。

这时候，我们才猛然想起了父母为他取的名字——“周大石”与“韩瀛”。

在那个特殊年代，一块“大石”变成了无数的小石——砂；瀛即大海，“大海”里的水越来越少，“水少”不就变成“沙”了吗？（关于“砂”与“沙”，文内有周心澄与恩师李连捷先生的一段精彩对话，可供参照。）

这一解释虽然有些牵强附会，但后来的事实的确如此。

人生前面的路都是黑的，谁又知道将来会发生什么呢？

的确，人生就是由一连串偶然连成的必然。

自1968年离开北京林学院算起，周心澄的职业生涯可以分为三个阶段：从北京到榆林，从榆林到杨陵，从杨陵到北京，形成了一个三角形，我试图用沙柳、旱柳、垂柳来分别形容他这三个阶段的“同中之异”。他一生从事管理、科研、教学工作，先是在榆林毛乌素沙漠14年，之后在渭水之滨的西北林学院14年，最后回到北京林业大学，一晃又是20多年。

几十年来，周心澄的生活看似丰富多彩，但变的只是内容和形式，“万变不离其宗”的则是适从内心、自由纯粹的人生追求。这几十年来，他的职业生涯始终没有摆脱一个字——沙，从防沙治沙到研究防沙治沙，再到教他人和学生如何防沙治沙。

纵观其将近80年的人生，如果非要从中提取两个字，则非“沙”与“柳”二字莫属。“沙”在外，“柳”在内，沙是工作，柳是生活。两者从尖锐对立到和谐统一，最终形成一片生机盎然的“沙漠绿洲”，便成了他一生的写照。

第一章 从北京到榆林

大漠风沙里，长城雨雪边。

——〔唐〕高适

〔沙柳VS科研〕

沙柳为沙漠植物，是极少数可以生长在盐碱地上的植物之一。沙柳幼枝为黄色，叶呈线形或线状披针形，枝条丛生，不怕沙压，根系发达，萌芽力强，分布于陕西、内蒙古、甘肃、青海等地。沙柳是北方防风固沙的主力，是“三北”防护林的首选树种。

榆林的榆树并不多，反倒是柳树最多，有人笑称可以将榆林改称柳林。在榆林的众多柳树中，以沙柳为最。在榆林的沙漠治理中，沙柳可谓立下了头功，累计保存面积达180万亩（1亩=1/15公顷），占森林面积的66%之多。

这一时期的周心澄，像极了沙柳。他要在沙漠深处寻找点滴水分，先让自己能够活下来。令他意外的是，活下来的沙柳，居然成了防沙治沙的功臣，甚至成了毛乌素沙漠上一道别样的风景。

旋涡

1968年3月15日，即将从北京林学院林业专业毕业的周心澄，由于私人信件中一些“不合时宜”的“陈年旧事”，以及原来在“文学社”内的一些“出格”言论被人“举报”，成为学校“反动学生”之一，因此被卷入了一场巨大的政治旋涡之中。

周心澄一生“性格耿介，口欠遮拦，笔乏虚文”，因此常被“举报”。

1958年夏秋之时，北京全城动员消灭麻雀。其间，数百万人摇旗呐喊，鼓角喧天，不使飞鸟落地，直至累死坠地。他记得很清楚，原北京四十中与北海公园仅一墙之隔，中间开一扇小门，供学生每周半天经此去勤工俭学。当时，他们初二班值守《让我们荡起双桨》中所唱的那座白塔。那时，全民疯狂三日，北京眨眼之间飞鸟绝迹。面对这种近乎疯狂的举动，善于思考的周心澄反问道：“麻雀只不过吃了几粒粮食，人们就这样大张旗鼓地把它消灭，但人吃鸡鸭鱼肉又该怎么惩罚呢？”班主任老师得知后大吃一惊，为了表示“政治正确”，便给周心澄的操行评语打了全班仅有的最低等级：差！这个全班唯一的“差”评，反倒促使周心澄真正开始独立思考，为他后来成为一名科学家打开了智慧之窗。那时之所以把麻雀列为“四害”之一，是因为它吃了粮食。哪知道，小小麻雀也是生态系统不可或缺的一环，它吃粮食，同时也吃害虫，消灭了它，引来了虫灾，粮食反而减产。

1962年周心澄考入大学后，因在1961年组建过“文学社”，又被“举报”，后被列为“内部管控对象”。1964—1968年，他经历过很多次“批斗会”，直至1968年遇到“清理阶级队伍”，在一场全校规模的“批斗会”之后，他被扭送至公安局，逮捕法办，开除学籍。

至今他仍在想，真如《道德经》所言：“祸兮福之所倚，福兮祸之所伏”，如果没有这两次“祸”，就没有后来的“福”。

此是后话，我们言归正传。

一个才华横溢、踌躇满志的大学生，突然被扭送至公安局，大会批斗之后又被开除学籍，且身陷囹圄，这种巨大的落差令当时的他完全处于一种“莫名其妙”的状态。笔者曾听他亲口说，最初他被关押在北京林学院3号楼，接受不了这一切的他，中间曾成功地逃跑过一次，结果是“全校动员，全城搜寻”，最后在友人家中被抓回。本来事情不算大，一跑反而弄得满城风雨。

当初报考大学，他本想学最为擅长的文科，但被父亲一票否决。父亲认为“此非济世良方”，还是要“以理工为先”，于是帮他选择了“十年树木”的林学。

周心澄最擅长用诗词表达自己的心声，他当时也许没有想到，在之后长达半个世纪的时间里，他居然写下了1000余首诗词。这些诗词，其实是他日记的一部分。在苦难的岁月里，写诗填词成了他的精神支柱。若以半个世纪计，周心澄平均每月都会有一两首诗词出手。信手写来，就成了他人生道路上深深的脚印，串起来竟然连成了他生命的轨迹。

出狱一年后，他痛定思痛，写下了一首《沁园春·忆狱中》。这首词既成了他这一段生活的终点，也成了他另一段生活的起点。

口欠遮拦，笔乏虚文，桎梏泪流。数精英难友，丹心鹤发，青灯黄卷，译著红楼。执教吟堂，耽研野趣，何故前程转眼休。逢阴雨，感浓云压顶，一剑封喉。

天囚。岁月悠悠，乞温饱哀声莫妄求。望铁栏窗外，苍穹高远，朦胧室内，思绪沉浮。暑往寒来，昼乾夕惕，不信冰轮总画钩。神安处，梦清辉四海，展翅银鸥。

被开除学籍并逮捕入狱之后，周心澄被关押在北京市公安局知名的“K字楼”中。据他回忆，当时除了吃饭之外，大家皆无所事事。于是，同监室一位北师大外语系姓张的副教授，便借助一本破烂不堪的《新华字典》教他学习英语，学习从26个字母开始。那个年代，人们能学的外语只有俄语，学英语实在是一件很稀罕的事。一个月之后，监室又关进来一位中年人，此人就是翻译过《红楼梦》的知名翻译家杨宪益先生，在这位张姓副教授眼里，杨先生才是真正的大师。只不过，还没等周心澄拜师，就因为赶上“缩小打击面，扩大教育面”的政策出台，自己先被无罪释放了。他后来半开玩笑地说，这次错过了一个大师，多少留下了一点遗憾。

当年8月15日，他被无罪释放后，因为已经被开除学籍，只能先回家。回家后无所事事，他就每天去家门外的积水潭游泳，或者去北京市公安局十四处“拜访”预审员。时隔半个多世纪，他仍然记得当时的两位警官，一位姓金，一位姓仲，两人都是他素不相识的恩人。无罪释放后，本来已经与公安局无关了，但金警官仍然把开除学籍这件事记挂在心头，曾数次头顶烈日骑着摩托车到北京林学院，要求校革委会为他恢复学籍。

恢复学籍后，学校却不分配工作，校革委会主任说“应该送去劳动教养”，周心澄立即据理抗争：“不恢复学籍我还是公民，为什么恢复学籍了却要劳动教养？”他又继续找金警官，同时写申诉书直接送到中南海和北京市革委会。终于有一天，广播通知他去学校人事处并被告知：“接北京市军管会指示，给你分配工作，到陕西榆林当农民。”他

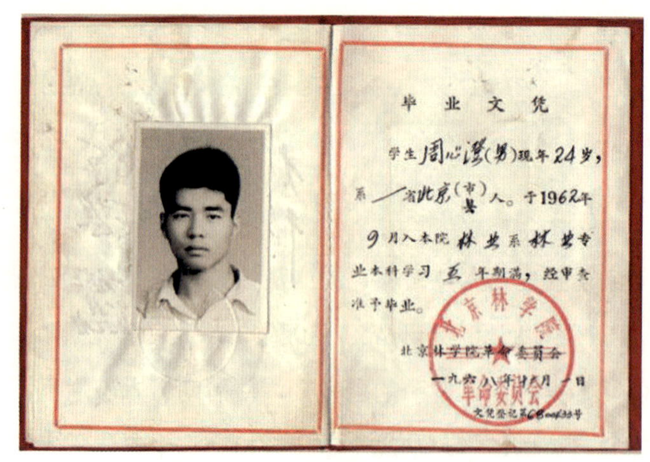
毕 业 文 凭

学生周心澄(男)现年24岁，系 / 省北京(市/县)人。于1962年9月入本院林业系林业专业本科学习五年期满，经审查准予毕业。

北京林学院革命委员会

一九六八年十二月一日

文凭登记第[illegible]号

1968年12月自己填写的毕业证书

沉默了一会儿说：“毕业证总得给我吧？”于是，工作人员找出一本空白毕业证，说：“你自己填吧！”他后来说：“现在看到那本毕业证书，仍觉得可笑，只是用钢笔草草署名了事，加盖的校印是‘北京林学院革命委员会’。在那个特殊年代，北京市军管会怎么能为自己的一点‘小事’直接下达指示，至今仍然成谜。”

“祸兮福之所倚，福兮祸之所伏”，他说“确实如此”。

1958年操行得“差”，临毕业时勉强给“中”。当时只有“良”以上可以保送高中。如果保送，就只能上原来的普通中学，一个班考上大学者只有一两个人。因为“中”，只能应考，结果他考入北京十三中，所在班竟有26人考上了大学。这次也是如此，如果不“扭送公安局，逮捕法办”，校革委会绝对不会给他分配工作，最好的结局也就是“劳动教养”了。

这样的人生故事，如今连编剧都要叹为观止。

上面提到北京林学院，我们顺便在这里交代一下其历史沿革。

北京林学院与北京林业大学是同一所学校在不同阶段的名称。北京林业大学可追溯至1902年京师大学堂的农业科林学目。1952年，北京农业大学森林系与河北农学院森林系合并，成立了北京林学院，简称“北林”。1956年北京农业大学造园系和清华大学建筑系部分并入该校，1960年被列为全国重点高等学校，1985年更名为北京林业大学。

顺便提一句，鹫峰位于北京西山，是北京林学院的教学林场。上学期间，周心澄每年必去此处，他在自己的诗词中多次提到这两个地方。1983年调离榆林时，他原本有希望调入此处工作。

我们言归正传。

周心澄被分配到陕西榆林的毛乌素沙漠里面，报到证上赫然写着三个字："当农民"。这三个字像一根粗糙的钢针，深深扎进了他生命的深处，让他的内心不时隐隐作痛。在那个特殊的时代背景下，让一个名牌大学的毕业生去荒漠里面"当农民"，很难不使人想到古代的发配或流放。

面对未知的前途，他写下了一首诗——《七律·1968年秋，兄弟姐妹与家父后海留影》：

烟波浩渺柳丝飘，昏暗空凉银锭桥。
暖坐书斋成寝梦，寒惊乌鹊渐离巢。
三春晖朗千山近，一聚心宽万里遥。
展望寰瀛天地阔，迎风广宇任翔翱。

1968年秋，周心澄（左一）与父亲、弟弟、妹妹合影于后海

沙缘

周心澄的职业生涯是从陕西榆林开始的。

榆林位于陕西省最北部，东临黄河与山西相望，西连宁夏、甘肃，北邻内蒙古，南接延安，面积4.29万平方公里。

在中国版图上，如果将大兴安岭与喜马拉雅山脉连成一条线，就会连成一条自东北向西南的分界线。这是我国一条重要的地理分界线——400毫米等降水量线。这条线是我国半湿润地区与半干旱地区的分界线，也是森林植被与草原植被的分界线，更是农耕文明与草原文明的分界线。榆林正处在这条线的中点上。因此，榆林在中国历史上扮演了一个独特的角色——既是中国东西部的结合带，又是游牧文明与农耕文明的过渡区，也是中原汉族与北方少数民族的交汇地。中原农耕文化与北方游牧文化在陕北长期的历史演进中多元传承与融合，构成了陕北民间文化鲜明的地域特色和丰富的文化形态，孕育出独特的一体多元性历史文化特点——既有中原文化的厚重、江南文化的灵秀，又有草原文化的雄劲。历史上，几乎每一次社会动荡、变迁，都为当地民族的交往、杂居提供了条件，也使不同的文化取长补短、重新组合。这种文化整合当然是双向的：一方面是少数民族的文化被融合，另一方面是少数民族优秀文化的融入，由此形成陕北文化顽强的生命力和优异的特质。

1976年5月拍摄的毛乌素沙漠

一提到陕西榆林，我们就不得不了解一下毛乌素沙漠的相关背景。

中国是世界上荒漠化和沙化面积大、分布广、危害重的国家之一，严重的土地荒漠化、沙化威胁着我国生态安全和经济社会的可持续发展，威胁着中华民族的生存和发展。在我国960万平方公里的土地上，有130万平方公里是沙漠和戈壁，号称“八大沙漠、四大沙地”，主要分布在新疆、甘肃、宁夏、陕西、内蒙古、青海等省份，占国土面积的13%之多。

1987年7月拍摄的毛乌素沙埋长城

习惯上，人们将西部干旱区的沙质荒漠称为沙漠，将东部半干旱、半湿润区的沙质荒漠称为沙地，而将砾质及石质荒漠称为戈壁。严格来说，毛乌素只是沙地，但为了阅读方便，除在特别专业之处外，文内统一称作沙漠。

毛乌素沙漠位于长城以北，包括内蒙古南部、陕西榆林北部和宁夏盐池县东北部，总面积约为3.98万平方公里。毛乌素沙漠的地名起源于靖边县的毛乌素村，蒙古语意为“水不好”。与人们的印象恰恰相反，毛乌素沙漠与全国其他沙漠相比，最突出的特点恰恰是水分条件较好，主要有无定河、秃尾河、窟野河等，地下水相当丰富，埋藏浅，且水质良好。

大部分沙漠是天然形成的，它像海洋、高山、盆地一样，都是大自然的孩子。

地球上最大的生态系统是生物圈，沙漠也属于一种生态系统。沙漠地区虽然动植物种类和数量稀少，但也有仙人掌、胡杨、沙枣、骆驼、沙鼠等特有生物，它们已经适应了这种环境。

科学研究认为，沙漠对自然生态也有它的好处，比如亚马孙地区每年56%的矿物质来自撒哈拉沙漠，这些尘土搭乘气流从北非来到南美地区，滋养了当地的植被，海洋浮游生物也受益于来自沙漠的矿物质。

沙漠形成的原因有三种：一种是天然形成的，一种是人为造成的，还有一种是两者叠加导致的。据专家考证，在中国北方土地荒漠化的过程中，地质过程、气候变化仍然起着支配性作用，而人类对自然资源的不合理利用则加剧了这一过程。毛乌素沙漠显然是第三种，而且人为因素更大，如过度放牧牛羊、过度开垦农田、过度砍伐森林等。

与岑参笔下“平沙万里绝人烟”的塔克拉玛干沙漠不同，毛乌素沙漠曾经是匈奴人的政治、经济、文化中心，榆林北去不远就是成吉思汗陵。春秋战国时期，这里北部是草原，南部是茂密的森林。据史料记载，那时这里“水草丰美，群羊塞道”，“临广泽而带清流”。转变是从唐朝末年的“安史之乱”开始的。那时社会动荡，军垦戍边和大批移民迁入，农田渐次增加，草原逐渐缩小，生态环境日渐恶化。慢慢地，草原就变成了沙地，沙地又变成了荒漠。于是，长城两侧，“四望黄沙，不产五谷”。

在中华人民共和国成立之前的150年间，流沙越过长城，沿无定河的主流——榆溪河，向南侵袭了70多公里，前锋已经抵达榆林城南50公里的郑家沟，成百上千个村庄被流沙吞没，从府谷到定边80%的明长城已被沙漠淹没，“沙进人退”似乎成了一种不可抗拒的命运。

1949年6月，榆林和平解放时，林草覆盖率仅为1.8%，毛乌素沙漠覆盖的定边、靖边、横山、榆林、神木、府谷6个县412个村镇被风沙压埋或被沙丘包围。那时候，整个榆林城被黄沙四面包围，最东面的城墙基本上已被沙子压得可以让人翻过去了，十几米高的城墙让风沙掩埋了一大半，全市境内仅残存19万株以沙柳、沙地柏为主的天然灌木，“七沙二山一分田”是对当时榆林地貌最真实的描述。有人形容，当时这里是“出门一片黄沙梁，一家几只黑山羊，穿的破棉袄，住的柳笆房”。

资料显示，这里也是我国沙尘暴的重要源头，“一年只刮一场风，从春刮到冬”。人们只有身临其境，才能感受到风沙区的生活。这里春季播种时，种子常常会一次次被大风卷走，有时必须播种三四次才能捉住苗，自然就耽误了农时，丰收只能是偶然一次的侥幸。

人们是在血泪教训中认识到，没有作为屏障的森林，没有涵养水源的绿洲，就没有稳定的温饱，没有温饱何谈文化，没有文化，发展就是缘木求鱼。

中华民族的精神图腾——黄河和长城，恰巧在榆林相聚。

黄河像一位胸襟宽广却饱经沧桑的母亲，带领着76条像儿女一样的支流，一直在曲折中背着沉重的包袱——泥沙，艰难地奔跑着。因为植被破坏造成水土流失，黄河年输沙量高达16亿吨，是尼罗河的37倍。这些泥沙来自表层土壤，是人们赖以生存的沃土。历经千万年才形成的耕作土层，洪水一来即失之朝夕，这就是专家所说的“中国主动脉在流血”。

由于黄河水携带着大量泥沙，进入中下游平原以后迅速沉积，主流如同一个醉汉在游荡，自古只有筑堤防洪，行洪河道不断被抬高，最后却形成了高出两岸的“地上河”，决溢泛滥便因此成为常态。

黄河河道迁徙变化的剧烈程度在世界上是独一无二的，中国近代文明的发祥地之所以从黄河流域逐渐转移到长江流域，正是生态、经济、文明相互制约、相互依存所导致的结果。

历史上，榆林是边塞之地、荒漠之地、战争之地。这里北承蒙阴，南衔关中，进可西击宁夏，退可据守黄河，历来为兵家必争之地。

“可怜无定河边骨，犹是春闺梦里人”，诗中的无定河就在榆林。无定河之所以叫作无定河，就是因为它浊浪滚滚，泥沙淤积，导致河床游荡不定。

无定河发源于陕北三边高原西南部的白于山脉，全长490多公里，流域面积约3万平方公里。它起于定边县，穿内蒙古而过，走靖边县，经横山区，拥抱米脂县，手拉绥德县，再在清涧县河口注入黄河，它几乎润泽了榆林四分之三的土地。

无定河在匈奴语中叫作“奢延水”，意为“北方的河”，唐代中叶开始才称作无定河。

匈奴的兵马来了，嚣张而起滚滚烟尘，马蹄阵阵，杀声连天。所到之处，风声鹤唳、草木皆兵。大汉帝国的戍边将领也来了，修筑长城，抗击匈奴的战鼓与呐喊震天动地，双方征战不休。

唐朝中后期，无定河流域战乱频仍，战争间隙，胜利的一方便开始屯军开垦，导致森林被大量砍伐。从前清澈见底的河水，慢慢变得越来越混浊不堪。

残破的长城则一直在风雨中沉默着、屹立着。

游牧文明和农耕文明时而在烽火硝烟中激烈争斗，时而在男婚女嫁、商品互市中融合发展。双方在长城内外拉锯式的争夺，赋予了这块土地一种特殊的包容性。

过去，大多数陕北人住的是窑洞，除了居住之外，窑洞还有一个功能就是防止战争破坏。古时候的战争不仅争夺财物，还会抢占人口。少数民族入侵后，一般会烧杀抢掠。窑洞是一个土洞，没有办法烧毁，也不容易被破坏。因此，当战争来了，人们就可以逃走避难，等战争结束以后再回到自己的窑洞继续生活。

常年战火，再加上贫瘠的土地、恶劣的环境，使榆林人常年遭受饥荒，饿肚子是常有的事，能够吃饱肚子就会感到无比幸福。

安居乐业成了当地人最朴素的生活追求。他们宽厚、包容，对是非曲直自有衡量的尺度，即使面临最艰难的生活，他们依旧保持着饱满的生活热情、丰富的思想情感。在这里生活，你常会被浓郁且独具特色的民风所感动。

1949年6月1日，榆林和平解放，设榆林市，同年12月改为榆林县，榆林县也是榆林行署驻地。1988年9月，由榆林县改为地级榆林市。

怀揣白纸黑字注明“当农民”的报到证，经五日火车、卡车颠簸，一身风尘的周心澄于1969年1月22日来到毛乌素沙漠古长城脚下的榆林县报到。他第一次亲眼看见，那时的榆林流沙漫延，植被稀疏，经济落后，老百姓生计十分艰难，大多数过的是“糠菜半年粮”的日子，“吃糠菜，住柳庵，一件皮袄穿四季”就是当时最真实的写照。当地人说，这里过去十年九旱，风沙、干旱、冰雹，春天人一出门，风沙遮天蔽日，学生无法去上学，庄稼常会被沙子淹没。

1969年1月26日，周心澄被分配到位于毛乌素沙漠南缘、距县城42公里的马合农场。当时，这样的农场全榆林有8个，旗下共有分场55个。

马合农场原是一块很大的盐碱滩，叫作马合滩。马合农场创建于1959年，原属农建14师领导，1969年1月1日被下放到榆林县管理。马合农场是以粮食生产、科技推广以及引领示范为主的国营农场，总面积达6320亩，分布于小纪汗等三个公社的多个乡村。这里的不少地名是从蒙古语翻译过来的，如小纪汗，在蒙古语里就是“酸刺林”的意思。

榆林古城的面积很小，东不上山（红山），西不过河（榆溪河），实际上就是由城墙内的三条街组成的一座小城。即便到了20世纪60年代末，榆林城还是没有多大起色，牛拉车、驴拉车满街走，卖瓜、卖果、卖豆腐，瓜皮纸屑满地走，城市外围都是沙漠，城市环境十分恶劣。周心澄当年曾赋《七律·1969年1月23日，步入榆林城北红石峡》一首，并题于残壁之上：

暗谷寒岩列洞霄，空留祭案毁陈雕。
红崖远迹残垣寺，白水悬横断裂桥。
武将刀弓书大统，文人碛月赋光昭。
陈年旧事随流去，瀚海孤身栖草寮。

1978年拍摄的榆林城北红石峡

县城与马合农场之间只有卡车载客，偶尔运行，一票难求，由于差旅费已经耗尽，行李已经寄存，于是，周心澄决定步行穿越沙漠前往报到。早上5点出发，下午3点才到。报到时，马合农场已经安排好了临时住处，他还领到了平生第一份工资——47元。之后，他又被二次分配到马合农场所属的分场——新墩连队。

1月30日，他乘马合农场的拖拉机去县城取行李，住在全城唯一的两层楼招待所中，并与毕业于北京师范大学的杭州人罗定国相识。“同是天涯沦落人”，于是心有灵犀，两人遂成为一生的挚友。

次日，两人一道又乘拖拉机返回农场，再赴新墩连队报到，刚好又有拖拉机顺路送他们至中途路口，行李被卸下后离去，而路口至新墩连队还有6公里。于是，他俩只好丢下行李步行到达连队，连队又派人用牛车将行李拉回。前后3小时，行李竟原封不动置于沙丘之间，是人烟稀少还是民风质朴，他们不得而知。其间，他们饥渴难耐，去农民家讨水喝时，农民不知他们要做什么。农民说“解不开”，榆林当地方言是“听不懂”的意思，发音有点像“害怕”，他们只好比画着说：“别害怕，我们是刚分配到新墩连队的大学生。”

从当夜开始，他们就成了马合农场新墩连队的成员，住寮棚大炕，点煤油灯，并且每晚煤油限量。当夜，躺在带有浓重沙土气息的土炕上，他辗转反侧：以后的路到底怎么走？

两首《水龙吟》，记述了他结识挚友和赴农场、赴连队报到时的心境：

《水龙吟·1969年1月26日，步行赴马合农场报到》：

远来沦落边城，凄寒大漠昏朦昼。身临断堞，目凝落日，神思邂逅。苏武牧羊，昭君出塞，共寻牛斗。继熄灯冥想，蔡琰诗意，无人顾，心凉透。

驻地长途须走，对苍天，提神杯酒。披星戴月，红石峡谷，镇北关口。浪卷流沙，渺无人迹，唯听风吼。至残阳晚照，砖窑烛影，潸然更漏。

《水龙吟·1969年2月5日，与挚友定国赴新墩连队》：

举头塞下烟云，流沙浪卷寒风啸。烽台败落，长河闺怨，佛门谁祷。远旅漂沦，知音奇遇，玄光垂耀。且任情纵意，鼓楼沽酒，茅檐醉，残阳照。

腊日不堪梦晓，走边荒、归迟危道。孤篷瀚海，亡羊歧路，魂颠神倒。朔野茫茫，枯枝垲垲，怎容衰草。望天时运转，春晖四海，再江山造。

地暖

分配来这里的几百名大学生，按当时的说法被分为两类，“还乡团”就是家乡在这里的，“劳改队”就是有各种问题的，如家庭出身、社会关系、本人思想，等等。显然，周心澄属于后者。

不过，这里是边陲之地，民风淳朴，当地人对“劳改队”并没有另眼相看，在当时的条件下，甚至可以说还关爱有加。

陕西农村在没有电的年代，夏天往往会把吃不完的饭菜置入井中靠近水面的地方，那里温度低，饭菜不容易变质。冬天正好相反，当地面上天寒地冻的时候，井里反而颇为暖和，将饭菜放入井里就不会冻成冰块。此时的他，就像冬天放入井里的饭菜，感受到了一种别样的温暖。

当时榆林人多在火炕炉口上做饭，火炕一般从单锅口或双锅口烧起，在供暖的同时供着一日三餐做饭用。火炕沿着几条炕洞，一直引向墙角的某一处合拢，沿墙直上烟囱。当大锅小锅冒出热腾腾的蒸汽，再加上洋炉口上烧开的那壶老茶，一天劳作回来的人们便围坐在羊毛沙毡铺满的火炕上，喝着老茶，抽着旱烟，望着大锅、小锅即将出锅的热腾腾的饭菜，这就是他们当年的美好生活，也是生生不息的人间烟火。

榆林的冬天特别冷，那时也许是穿得单薄，不能有效保暖，也许是吃得清淡，人们体内没有过多的热量，人在外面行走时真有被冻僵的感

1976年5月拍摄于毛乌素沙地

觉，但回到家里，有红彤彤的火炉，有热乎乎的火炕，一下子就能暖到心窝里，人们围坐在炕上，其乐融融的感觉就是人间天堂了。

此时此刻，周心澄需要融入这片土地，在这里得到温暖，在这里找到脚踏实地的感觉，他根本顾不得想其他事情了。活下来，像所有人一样先活下来，成为他本能的需求。

报到之后，摆在周心澄面前的是因陋就简、入乡随俗的适应性考验。宿舍是农场分配的一间大约10平方米的陋室。陋室真陋，墙及肩高，避无可避，室如斗大，退不能藏。取暖烧炕时，“倒烟”熏得周心澄眼泪直流。出行只能靠太阳辨方向，手脚并用翻沙梁。

初来乍到，吃住行的截然不同，让周心澄和他的伙伴们经受了炼狱般的考验，因为饮食差异导致的便秘让他们适应了很久，其间的尴尬实在难以言状。

周心澄用最短的时间适应了陕北的生活方式和饮食习惯。工作之余，在那个文化缺失的年代，每天在沙海烈日里跋涉几个小时后，口渴如炙，回到陋室便与伙伴们一起，在煤油灯下煮酒论画，吟诗赋歌，时起时卧，激情四射，醉后便在土炕上抵足而眠，陋室也因此多了几分超凡脱俗的气息。

由于没有电，伙食又太差，凑合着填饱肚子之后，晚上早早就上了床。时间太早睡不着，窗外狂风呼啸，肚子咕噜叫，那种饥寒交迫的感觉，多年以后他还清楚地记得。

挑灯读简史，翻遍无疑释。窗外子规啼，晚风更清凄。

当时无论是种庄稼还是育树苗，都近乎刀耕火种，三个人一组，一个挖坑，一个播种，一个撒粪。他的工作就是肩背粪篓，手抓一把粪，撒入已播种的坑穴中，而后挖坑的人把挖出的土填入已播种、撒粪的坑中，循环往复而成垄。

由于条件的艰苦和环境的恶劣，好多人不得不离开了沙区。就在他“当农民”两个月之后，他的挚友罗定国便由于环境原因导致身体欠佳，场里决定由他护送其返回杭州老家休养。罗定国原来的生活环境是江南水乡，又毕业于北京师范大学，与这里黄沙漫漫的环境反差实在是太大了，身体出现问题亦在情理之中。

周心澄与罗定国不同，他既有诗人的浪漫，又读过很多历史书籍，深知大丈夫能伸能屈的道理。此外，虽说是“当农民”，但“大漠孤烟直，长河落日圆”的沙漠风光还是激发了他诗人般的豪情。当然不得不说，这种陶醉肯定也夹杂着一些自我麻醉的成分。

分别时，罗定国向他索诗，思前想后，他以四首《忆江南・1969年春，送罗君定国赴杭州休养感怀》相赠，盼他释怀：

其一

京都好，前海度童年。往日欢情归梦幻，如今失意遣边关。养气再扬鞭。

其二

长安好，菽麦满秦川。雁塔佛香犹渺渺，碑林石旧字翩翩。铁壁有潼关。

其三

杭州好，仙境落人间。西子湖边浓艳色，双峰凝翠漫云烟。碧月送归帆。

其四

榆阳好，有我一席安。一朵红花常属我，一蓑烟雨可偷闲。一梦日三竿。

1972年夏，挚友罗定国（左一）返榆再分配至中学执教与周心澄重逢

爱妻

诗人对周围的环境特别敏感，周心澄也不例外。

单调乏味的生活使他变得孤独而脆弱，此时此刻的他最渴望一份来自异性的温暖。以他的才华和相貌，同来的大学生中也有向他示爱的，别人都看出来了，他不可能不知道。但此时此刻的他更需要那种火辣辣的爱，就像从冰天雪地里回家的人们，最期待的不是衣冠楚楚地享用西餐，而是一顿红通通的、可以大快朵颐的火锅。于是，他毅然决然地选择了当年不满20岁的马合农场工人、米脂姑娘王芳萍。

陕北民间谚语有“米脂的婆姨绥德的汉”之说，谚语源于貂蝉是米脂人，吕布是绥德人。米脂婆姨面容娇美，心地善良，持家有道。由于米脂姑娘外嫁的很多，所以米脂也被称为“丈人县”。

有一首民歌是专门唱米脂婆姨的——

金灿灿的那个黄小米清粼粼的山泉水，
养育了人见人爱的米脂婆姨。
上山能教五谷香，
回家裁出锦绣衣。
巧嘴嘴说话声声脆，

毛格闪闪的眼眼望着你。
米脂的好婆姨啊米脂的好婆姨，
想说一声不爱她，
哎哟哟，实在就不容易！

金灿灿的那个黄小米清粼粼的山泉水，
滋润了勤劳善良的米脂婆姨。
在家顶起半边天，
出门又创新天地。
信天游唱得惹人醉，
俊格蛋蛋的脸脸朝着你。
米脂的好婆姨啊米脂的好婆姨，
想说一声我爱你，
哎哟哟，就怕她不搭理！

在马合农场工作期间，他经常与工人一起干活。他在那里遇到了来自米脂县的姑娘王芳萍。当时才19岁的王芳萍上过初中，是吃商品粮的城里姑娘，刚刚被招工到马合农场。

1970 年摄于马合农场新墩连队之陋室

王芳萍虽然文化程度不高，但多情的周心澄还是被这个米脂婆姨的漂亮与善良打动了。

1969年10月1日，周心澄与王芳萍正式结婚成家了。

听了他们的故事，稍微有点年纪的人第一个想到的可能就是电影《牧马人》里的许灵均和李秀芝，一个是落难才子，一个是美丽村姑，周心澄与王芳萍的故事，与他们颇有几分相似。

王芳萍心灵手巧，她织的毛衣色彩鲜艳、花样繁多，成为马合农场一道时尚的风景。美丽、善良的王芳萍带给了周心澄无限的快乐，一首《永遇乐·赠贤妻芳萍》，道出了他此时的心声：

雁坠沉沙，鱼游搁浅，屯垦边戍。袅娜青娥，花丛顾盼，曼妙双蝶舞。君情我意，油灯土炕，唯有月老关注。莫思乡，相濡以沫，共寻瀚海归路。

身无翠钿，颜缺粉黛，依旧绰约风度。远送衰翁，施粥过客，林下建鸽墓。踏郎枝弱，根深花艳，护卫一家水土。真如是，相夫教子，不拘汉楚。

在词中，他将爱人比作一种豆科固沙灌木——踏郎，比作从黄土高原沦落到沙漠的新娘。在他眼里，像踏郎一样的沙生植物是这样的——《卜算子·沙生植物》：

狂飙劲扫，炎日火蒸，大漠境遇严酷。莫怨休烦，看我沙生植物。绿之铃，曼妙腰肢舞，灵香草，红唇艳笑，招来彩蝶光顾。

既欠回天术。应变当自身，首推防护。叶片针缩，减少水分吞唾。猛扎根，风暴枝干固。路漫漫，审时度势，自由心头住。

世上的事情真奇怪。如果没有这场突如其来的变化，他俩可能连相识的机会都没有。现在，两个生活在不同世界的人突然间被卷到一起，又莫名其妙地成了最亲近的人。

1971年5月26日，他驾牛车送新娘王芳萍到米脂回门，如果此情此景能够拍成电影的话，理应给一个特写，然后再给一个长镜头，因为画面感实在太强烈了。后来周心澄写了一首诗《五律·1971年5月26日，驾牛车送芳萍回米脂》，专门用来描述这次送新媳妇回门的情形：

四月柔风暖，当宜返故乡。
抽芽新草绿，飞絮柳丝长。
白水流阡陌，青苔染古墙。
路遥牛步缓，古塔下夕阳。

1970年8月6日，他们生下了第一个孩子，是一个男孩，取名周米京，米是米脂的米，京是北京的京。一首《鹧鸪天·1970年8月6日，弄璋之喜》，最能表达他此时的心情：

1974年周心澄妻儿留影于榆溪河桥

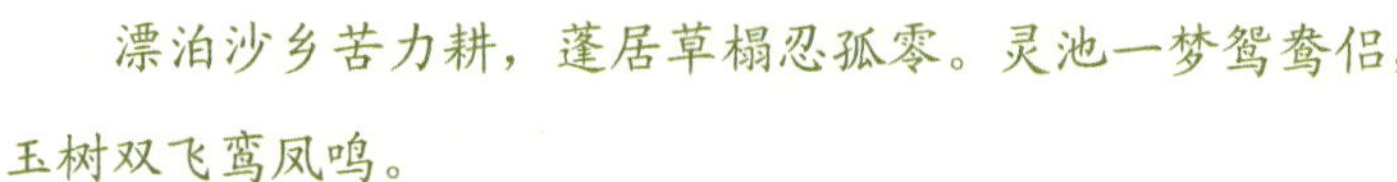

漂泊沙乡苦力耕，蓬居草榻忍孤零。灵池一梦鸳鸯侣，玉树双飞鸾凤鸣。

萍毓秀，更心澄。相传血脉已添丁。芝兰花蕊增端慧，松柏风云呈俊雄。

王芳萍的善良在当地有口皆碑。周心澄养了一群鸽子，后来莫名其妙地不断死去，王芳萍因此伤心大哭，还为每只鸽子缝制了衣裳，并择地安葬于林下。

王芳萍的节俭则成了大女儿伤心的记忆。在她的记忆里，从小生活在困难之中的母亲，珍惜一切用钱买来的东西，甚至连一点儿剩饭都舍不得倒掉。她至今认为，母亲的早逝与总是吃剩饭有关。成家之后，她因此有了一个特殊的“洁癖”——从不吃剩饭！据儿媳侯波回忆，在这一点上，经历完全不同的公公正好相反，他更加注重精神层面的东西。

亲情

1972年前后，周心澄兄妹分别远离北京，在他被分配至陕北榆林毛乌素沙漠“当农民”之后，大妹周心明从北京工业大学毕业后被分配至山东烟台，小妹周心丽则被分配至黑龙江省大小兴凯湖之间的湖岗军垦农场。

1971年初秋，他决定带着妻子王芳萍和儿子周米京回北京探亲。

当年返回北京，必须乘牛车穿越沙漠至榆林，再乘卡车经黄土高原至吴堡，然后乘船渡过黄河，至山西军渡，转乘长途汽车，翻过吕梁山

1971年，周心澄携妻子、儿子回到北京，与父亲、弟妹留影纪念

1971年两妹陪游颐和园

至太原，再转火车穿越太行山至北京。即使一切顺利，这一行至少也得四五天时间。

回到北京，家人带着他的妻子王芳萍和儿子周米京到处游玩，让他们尽可能地享受血浓于水的亲情。临别时，父亲又是一番殷殷叮嘱。

当年，周心澄曾赋诗《七律·携妻挈子与两妹同游颐和园并留影》抒发了即将别离亲人的情怀：

舍妹陪游挽臂肩，幽思百感静温言。
孤身逸去沉荒漠，稚子携归逛御园。
塔影沧波依旧貌，桃腮柳眼看新颜。
情知几日重离远，塞下迎风度岁寒。

他填词《调笑令·1975年冬，乘“子爵号”赴京与弟、妹及表弟聚会中山公园》尽述其弟、妹亲情：

其一

相聚，相聚，逛景休说苦旅。斟杯尽叙甜言。兰亭一别晚寒。寒晚，寒晚，飞鸟归巢梦唤。

其二

阿妹，阿妹，笑脸芝兰惠美。扬眉月宇端庄。书斋笔墨暖香。香暖，香暖，明日归离渐远。

其三

贤弟，贤弟，敛泪重逢并臂。煎心再述孤音。何须意向楚吟。吟楚，吟楚，休问离骚远度。

1975年回京采购摄影器材，弟弟夫妇、小妹、表妹、表弟陪游中山公园

那时，亲情是维系他生命至关重要的营养，为了取一封家书，他常常需要穿越流沙十几公里。

1981年两妹经五日行程来治沙站探望大哥

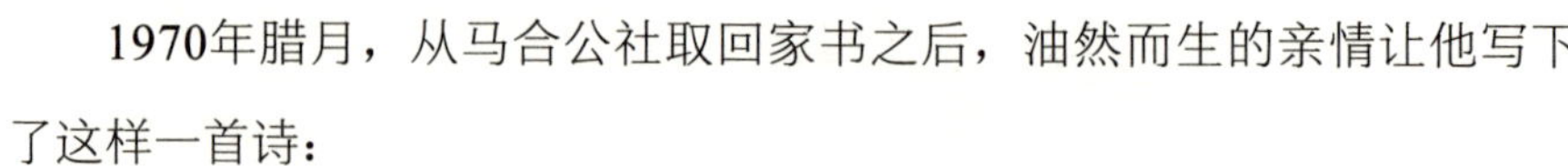

1970年腊月，从马合公社取回家书之后，油然而生的亲情让他写下了这样一首诗：

苍茫旷野几寒鸦，飞舞枝巢抖玉花。
为索家书求一乐，迎风踏雪过南沙。

他记得特别清楚，1973年1月20日是腊月十七，他收到了上山下乡至兴凯湖湖岗军垦农场的小妹周心丽的汇款10元、粮票50斤。数日前，他也刚刚给她汇款10元，两人居然“不约而同”，其兄妹之情可见一斑。同日，他还收到父亲寄来的两个包裹，内装腊肉6斤、杂拌糖2斤、肉松1斤，舐犊情深，不言而喻。

最使他想起来就后怕的还是在那人烟稀少、医疗条件十分落后的地方，周心澄居然亲手接生了自己的第二个孩子。1972年12月，继儿子周米京之后，他又喜得一女。这个女儿就出生在马合农场新墩连队他的陋室中。身居大漠，在当地找接生婆助产，传闻经常不顺。因为是二胎，经过马合卫生所医生检查，妻子胎位正常。于是，他临时学习了一点接生常识，并准备了一些必备的器材和药品，就由自己接生了。

『博士』

1979年，周心澄夫妇还养了一条牧羊犬。这条牧羊犬“通体棕黄，唯头顶一冠乌金，形似博士帽”，于是，周心澄别出心裁地为之取名“博士”。

“博士”是周心澄“客居”沙城榆林时的伙伴。有一段时间，“博士”与他几乎形影不离。

“博士”极通人性，甚至与他“心有灵犀一点通”。

周心澄当年从事治沙研究工作，筑屋于毛乌素沙漠东南一隅，北去榆林城2.5公里，榆溪河与芹河交汇于此。异乡异客，大漠孤烟。有一个姬姓工头调侃他道：“你们有缘，一周后给你找个伴。”他不知所云，亦不得其解，谁知七八天后，姬姓工头竟送来了“博士”。

周心澄在沙湾中的六间瓦房竣工之日，正是“博士”诞生之时。“博士”见到他也不认生，摇头摆尾，一见如故，毛茸茸的一副憨态，水灵灵的一双眸子，活像神话中的精灵。

“博士”幼年每天数餐，皆饲其羊奶，并杂以菜叶、米糠。周心澄雇用的尤姓护林员虽然长得五大三粗，却心细如丝，他每日喂“博士”一壶鲜奶，有时还不忘加一把“捞蛋子”——原汁原味的奶酪，其间未曾间断。后来，他们又哺之以粥羹及土豆，“博士”也只能“客随主

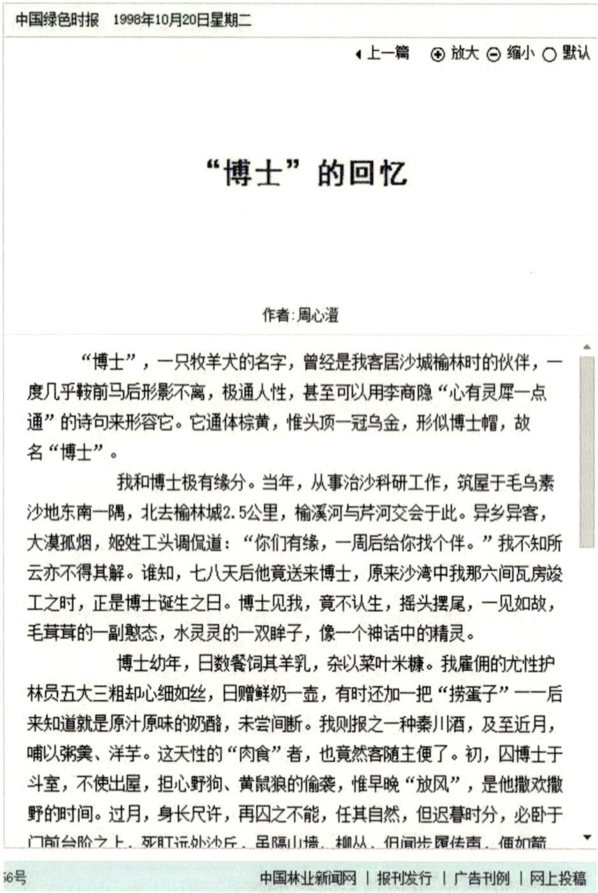

中国绿色时报 1998年10月20日星期二

◂上一篇 ⊕ 放大 ⊖ 缩小 ○ 默认

“博士”的回忆

作者:周心澄

“博士”，一只牧羊犬的名字，曾经是我客居沙城榆林时的伙伴，一度几乎鞍前马后形影不离，极通人性，甚至可以用李商隐“心有灵犀一点通”的诗句来形容它。它通体棕黄，惟头顶一冠乌金，形似博士帽，故名“博士”。

我和博士极有缘分。当年，从事治沙科研工作，筑屋于毛乌素沙地东南一隅，北去榆林城2.5公里，榆溪河与芹河交会于此。异乡异客，大漠孤烟，姬姓工头调侃道：“你们有缘，一周后给你找个伴。”我不知所云亦不得其解。谁知，七八天后他竟送来博士，原来沙湾中我那六间瓦房竣工之时，正是博士诞生之日。博士见我，竟不认生，摇头摆尾，一见如故，毛茸茸的一副憨态，水灵灵的一双眸子，像一个神话中的精灵。

博士幼年，日数餐饲其羊乳，杂以菜叶米糠。我雇佣的尤性护林员五大三粗却心细如丝，日赠鲜奶一壶，有时还加一把“捞蛋子”——后来知道就是原汁原味的奶酪，未尝间断。我则报之一种秦川酒，及至近月，哺以粥羹、洋芋。这天性的“肉食”者，也竟然客随主便了。初，囚博士于斗室，不使出屋，担心野狗、黄鼠狼的偷袭，惟早晚“放风”，是他撒欢撒野的时间。过月，身长尺许，再囚之不能，任其自然，但迟暮时分，必卧于门前台阶之上，死盯远处沙丘，虽隔山墙，柳丛，但闻步履传声，便如箭

56号 中国林业新闻网 | 报刊发行 | 广告刊例 | 网上投稿

1998年10月20日，周心澄在《中国绿色时报》发表散文《“博士”的回忆》

便”了。

起初，他将“博士”置于斗室之中，不使其出屋，主要是担心野狗、黄鼠狼偷袭，早晚放风时则与家人同行。满月之后，“博士”身长已有尺许，斗室已经囚之不能，只好任其自然，但迟暮时分，“博士”必卧于门前台阶之上，死盯远处的沙丘，虽隔山墙、柳丛，但闻步传声，便如箭而发，扑来胸前，直舔得他手臂温热。自此，他每次进入沙漠又多了一份牵挂，回家之后也平添了一缕温馨。

再后来，时值盛夏，沙丘如火，因担心其体力不支，遂缚于城内家中，但每日别离时，其叫声如泣，令人感伤。一天归家时，门前台阶骤

然空空荡荡，周心澄立即动员妻子儿子四处寻找，乃至喊声嘶哑，却终不可得。当天晚餐全家食不甘味，妻子王芳萍竟然默默啜泣。又过了一月有余，与妻子回家时，他蓦然发现一只硕大的黄狗伫立于卧室之外，妻子忘形大呼：“博士”回来了！

次年，北京林学院李滨生副教授与他合作建设沙地生态园，养鸡兔、育蘑菇、饲蚯蚓，屡遭偷窃。当时“博士”已经长大，周心澄便令其加盟守护。他每天骑车上班，“博士”则时而奔跑于前，翘首回望，时而紧随于后，形影不离。“博士”身躯矫健，皮毛镏金，目光如电，雄姿英发，路人皆啧啧称赞。

中秋前一日，“博士”突发疾病，猝然倒地，蜷卧于墙角，颤抖如筛糠，周心澄一边呼医急救，一边揽其入怀，以头颈摩挲肩胛。突然间，“博士”尽力挣脱，一瘸一拐，趔趄而去，其背毛凌乱，双目混浊，嘴角有流涎，使人目不忍睹。当他想追出去时，尤姓护林员挡住他说：“狗是不死在家里的，让它去吧。”在场者无不动容，大家只得目送其消失于草莽之间。后寻其数日，瀚海茫茫，终不知处。于是，他们夫妇择一坡地，专门为其垒了一座“衣冠冢”。

某日，在进入沙漠途中，他看见人们叫作“三娃”的男孩迎面跑来，扑通一下跪倒在地，并以头击沙，撕心裂肺般地哭诉。闻其言，他大惊失色又怒火中烧，原来假借“三娃”之手投毒于“博士”的居然是其父亲。

人性，人心，何其如此？！

人的善恶，往往就在一念之间。

同化

1970年5月13日，马合农场新墩连队雇用了不少民工。开始春播时，男女老少来了不少人，他问连队领导：“这么多人，怎么安排住宿？”答曰：“在会议室铺些柴草即可！”他又问：“男女怎么区分？”答曰：“居于一处。”作为从北京来的知识分子，周心澄一时惊得瞠目结舌。

当时条件如此，风俗也如此。后来他去下乡，也是男女老少宿于一炕，便慢慢习惯了。

1970年夏天，他偶然看见沟道里退水后居然有鱼，触景生情，想到了自己：

浅沟尺许水残留，几只青鱼乐戏游。
瞬息纵横摇细尾，忽而上下点轻头。
热风暗扫萍根露，虚土渗漓泥浊流。
身在长渠无远虑，随波死角忘洄游。

1970年秋，当地政府对在榆林“当农民”的大学生实行“再分配”，他被分配至榆林县小纪汗林场。小纪汗林场与马合农场新墩连队仅一墙之隔，因为婆姨（陕北人将妻子称作婆姨）仍在新墩连队，他自然也居住在此，每天去隔壁林场上班。林场分配他从事外业工作，他所学的专业终于有了用武之地。

1971年8月1日，上级为小纪汗林场下达了繁重的生产任务：428亩造林，600亩整地，1.3万丈（1丈≈3.33米）沙障，1.2万亩抚育。

马合农场有若干像新墩连队一样的连队，整个榆林地区又有若干像马合农场一样的农场，毛乌素沙漠就是在这样一天一天、一年一年的坚持中慢慢变了样！

1973年调入县林业局从事沙地、山地、川地生态综合治理规划工作，终于有了自己的办公室兼卧室

1976年8月7日，他又喜得第二个女儿。

1976年秋，上级将他的妻子王芳萍调入榆林县治沙试验站工作，解决了他的后顾之忧。之后的生活，对他而言，是平凡而幸福的。一有空，他便领着妻子儿女戏游榆溪河畔，夏夜还会与他们一起仰卧沙丘，仰望星空，“贤妻说玉兔，儿女笑天庭”。

这时的他，似乎已经融入了这片土地。

业余时间，他还利用当时的高考热，给报考大学的学生补课，李栋教数学，万裕德教物理，他则教化学。当时每课时1.6元，每月20课时，可收入32元贴补家用。在那个年代，这份额外收入让他相当知足。

1977年，与三子女留影于治沙站沙地

1978年冬至1979年夏，他还成功自制出榆林当地第一台家用电视机。

当时榆林刚在东山建起转播台，开始有了电视信号，但还没有一户居民有电视机。从北京大学分配至榆林广播站的好友侯恩生不知从什么渠道购买了两个9英寸显示器，每个20元，给了他一个。在当时的条件下，自制之难可想而知。他曾借榆林水工队的一个房间做安装试验，还数次赴侯恩生那里，用示波器检验电波。其间，他克服种种难以想象的困难，比如输送到显像管的8000伏高压包的绝缘问题就让他绞尽了脑汁。经过两三个月废寝忘食地折腾，他终于成功自制出一台9英寸的黑白

向榆林画家史所富学习油画

1978年安装电视机进行模拟电路试验

1975年儿女在摄影暗室

自己动手做饭

学习狩猎
（当年国家下发双鹿牌猎枪和子弹）

在寂静中经常对
事业和生活陷入沉思

电视机，在榆林当地引起轰动。首次试播于小院，周围的人摩肩接踵而来。刚好赶上大年三十晚，他记得很清楚，里面有著名演员赵丹出演的节目。

一般而言，由于大脑发育不平衡，文科比较好的人理科会相对弱一些，长于诗情画意的人多数动手能力比较弱，但周心澄不同，他不仅长于吟诗作词，而且有着很强的动手能力。他是一个平衡能力极强的人，一方面很孤傲，另一方面又能很快融入所处的环境之中。除了文与理之外，后面我们还会看到，周心澄在儒与商、官与学、己与人、雅与俗之间，也有着极强的平衡能力。他身上，生猛的虎气与灵动的猴气兼而有之，这种能力让他得以超越很多同行者，也成就了与众不同的他。

挚友

周心澄在榆林结交了不少朋友。

唐家烈1954年毕业于华中农学院，被分配至陕西省林业局。1957年，在一次学习会上，因为一句书生意气的话，他被划为“右派”，下放到靖边县工作。1972年，在靖边县治沙试验站工作期间，他与周心澄共同主持“榆林沙荒大面积植树造林扩大试验项目”，两人同获“国家科技进步奖”。当时，周心澄主张治沙以灌木为主，人称“周小苗”；唐家烈则主张以乔木为主，人称“唐大树”。观点不同，并没有影响他

与沙乡挚友唐家烈（左一）、李文丁（左二）等合影

们的友谊。在榆林，过去治沙多是栽杨树、柳树，但榆林的水分条件不够，在低洼的地方还好，高处基本上无法成活，防护效果自然也差。实践证明，紫穗槐、花棒等豆科植物效果反而更好。榆林的实践证明，以禾本科牧草和沙漠旱生灌木为主的灌草植被是榆林的主要植被类型，其防治土地荒漠化的整体作用远远大于区内呈岛状散布的乔木林。实际上，沙漠治理要针对具体情况，宜乔则乔，宜灌则灌，宜草则草，宜荒则荒，并没有适用所有地方的做法。

1969年1月，从浙江医学院毕业的吴建生、孙静夫妇被分配至榆林，之后又被安排到马合卫生院工作。周吴两家交往十分密切，两家大人经常带五个儿女嬉戏于沙丘。周心澄与吴建生肝胆相照，情同手足。吴建生调回浙江后，两人还曾数次千里互访，携手游园，把酒言欢。2017年，得知吴建生身患重病，周心澄特邀他们夫妇和榆林老友赵建国夫妇一起，来北京畅谈近半个世纪的友谊，并游览名胜古迹。谁知这竟然成了他俩的最后一面，几个月后吴建生不幸去世，令他黯然垂泪。

1977年春与挚友吴建生（中）、罗定国（右）留影于家中

1970年秋，周心澄被“再分配”至榆林县小纪汗林场，在这里结识了林场技术员史一民，并成为至交。长他8岁的史一民是陕西省长安

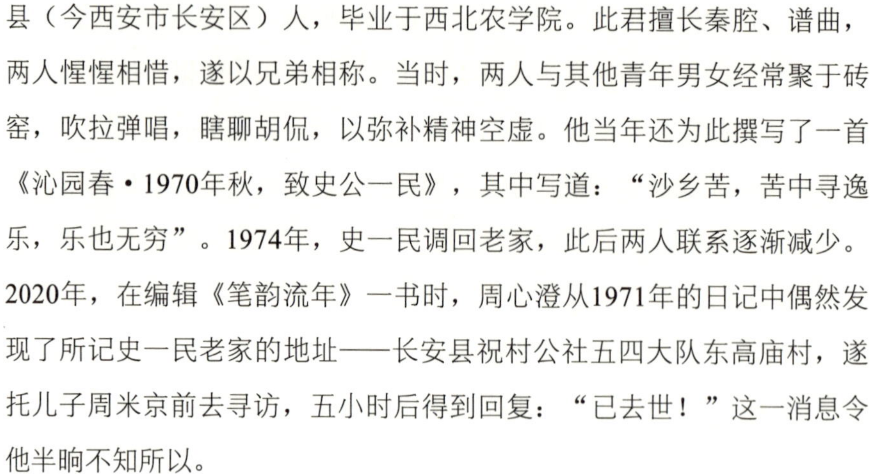

县（今西安市长安区）人，毕业于西北农学院。此君擅长秦腔、谱曲，两人惺惺相惜，遂以兄弟相称。当时，两人与其他青年男女经常聚于砖窑，吹拉弹唱，瞎聊胡侃，以弥补精神空虚。他当年还为此撰写了一首《沁园春·1970年秋，致史公一民》，其中写道："沙乡苦，苦中寻逸乐，乐也无穷"。1974年，史一民调回老家，此后两人联系逐渐减少。2020年，在编辑《笔韵流年》一书时，周心澄从1971年的日记中偶然发现了所记史一民老家的地址——长安县祝村公社五四大队东高庙村，遂托儿子周米京前去寻访，五小时后得到回复："已去世！"这一消息令他半晌不知所以。

1972年夏，好友罗定国从杭州休养归来，"再分配"至镇川中学教书。他是周心澄到榆林后结识的第一位挚友。两人再次相逢，当然都很开心。

好友王静涛是一位奇女子。1960年，她在北京化工学院就读大三，受邢燕子事迹的感召，坚决要求下乡"当农民"，大家百般劝阻无效，后被分配至西山林场，她再次要求去"最艰苦"的地区，于是被分配至榆林。在榆林治沙研究所负责学术档案管理工作期间，她多次获得表

与治沙站农民朋友父子合影

彰。王静涛育子有方，一儿一女分别毕业于北京大学和浙江大学。在气象资料查阅、土壤样品测试等方面，她曾给予作为榆林县治沙试验站站长的周心澄很多宝贵的支持。

1980年秋，北京林学院李滨生教授来访。1981年春，李滨生教授指导构建“生物链”，引起榆林县林业局不满，局长通知次日开会批评，机敏的周心澄力邀榆林地区行署副专员李建树、地区林业局局长李文丁前来，他们说“这是地区行署的立项，你们就不要再过问治沙试验站的事了”，一句话便了结此事。李建树、李文丁均比周心澄年长不少，且身居高位，却待他亲如兄弟，在生活上给予了很多关照，在业务上给予了很多支持。记忆最深的是1987年承担国家农办下达的课题，他驾驶摩托车西行经过“三北局”时，已经担任局长的李建树不但热情接待了他，还帮他搜集了大量资料。李文丁去世20余年后，两家依然情谊深厚，彼此联系从未中断。2018年，周心澄携儿女在榆林聚会时专门参观了李文丁夫人柴静华女士的书法展览，2019年还在北京接待了柴静华儿女两家游览圆明园等名胜古迹。

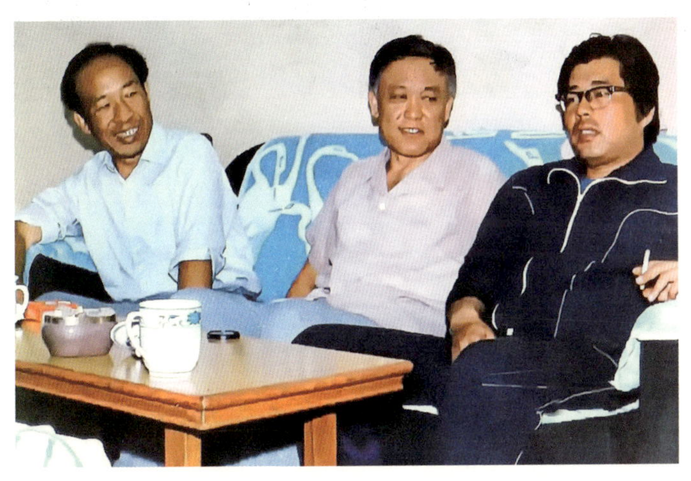

1987年夏与李广毅院长在“三北局”李建树局长家中聚会

1981年夏，挚友贾厚礼携酒登门祝贺他晋升工程师。贾厚礼是榆林地区治沙所的专家，从四川到榆林工作20余年，对沙区植被了如指掌。

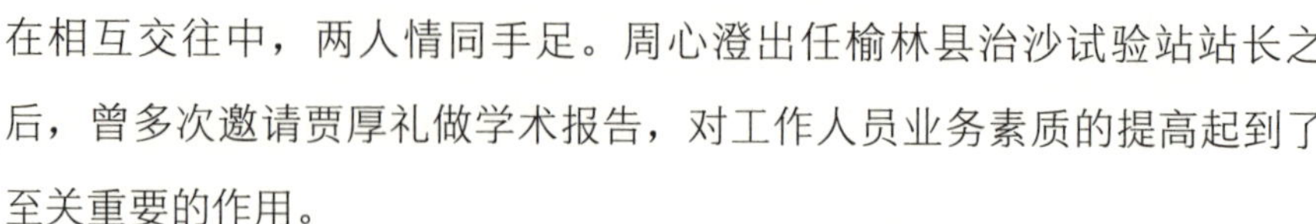

在相互交往中，两人情同手足。周心澄出任榆林县治沙试验站站长之后，曾多次邀请贾厚礼做学术报告，对工作人员业务素质的提高起到了至关重要的作用。

1981年秋，北京林学院李滨生教授亲临治沙站与周心澄探讨并实施建立“沙产业生态生物链”，其设计理念及实施过程在第二章“产业”小节论述。1982年春，李滨生教授又送其硕士研究生赵廷宁、吕悦来到治沙站实习并撰写硕士论文。如今，赵廷宁不仅是北京林业大学的教授，还成为周心澄的忘年之交。李滨生教授知道周心澄不入仕途，坚决要求离开榆林，表示非常理解，当年秋天便与北京林学院西山教学实习林场齐宗庆场长联系，邀周心澄一道进行了考察，并极力推荐他回校到此处工作。

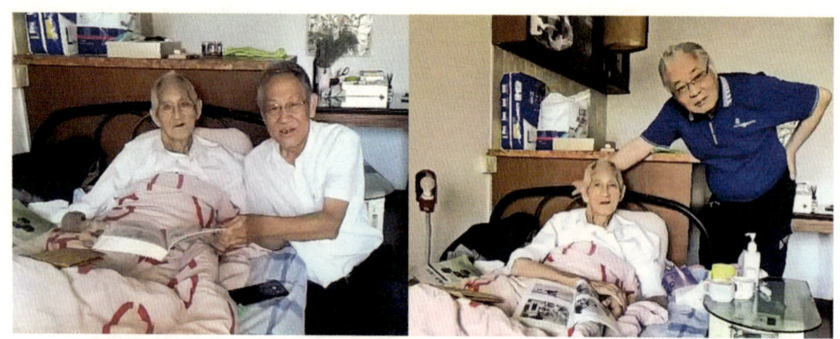

2023年6月5日，60岁的赵廷宁带80岁的周心澄看望94岁的李滨生先生并赠送《笔韵流年》一书，其中有多首描述相关往事的诗词

忘年

在榆林，周心澄还结交了不少年长于他很多岁或年少于他很多岁的友人。他说，那时候的情谊真是肝胆相照，志同道合，没有丝毫利益之念，这也许是相别四五十年依旧相互怀念于心的原因吧。

由于种种机缘巧合，在周心澄接触的人当中，有许多是中国农业科技界的老前辈，其中有李连捷先生、关君蔚先生、李滨生先生、高志义先生、任恒祺先生等，特别值得一提的是中国土壤学的开创者和奠基人李连捷先生。

1966年，李先生随北京农学院迁往陕西省甘泉县。1972年，由于“改造”得比较好，上级特许他参加榆林地区的“教育革命小分队”，以土壤专家身份前往马合农场考察可开垦的水土资源，周心澄正是在这一时期与李先生相识的。当时，周心澄正在小纪汗林场从事外业工作，这个工作对“有思想问题”的他而言，已经算是“很照顾”的了。

从马合农场到新墩连队大约13公里，中间是连绵起伏的新月形沙丘，置身其中，往往方向莫辨。1972年7月8日上午，一位走乡串户的邮递员捎话说，李先生要从马合农场前来“拜访”他，下午就到，他冲口而出：“岂敢！岂敢！”

他在北京林学院读书时就拜读过李先生的著作。李先生是土壤学

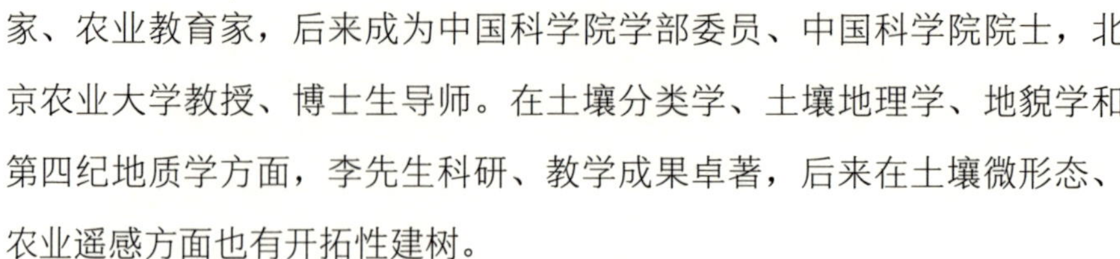

家、农业教育家，后来成为中国科学院学部委员、中国科学院院士，北京农业大学教授、博士生导师。在土壤分类学、土壤地理学、地貌学和第四纪地质学方面，李先生科研、教学成果卓著，后来在土壤微形态、农业遥感方面也有开拓性建树。

在周心澄眼里，李先生原本就是高山仰止的大学者呀！

他对邮递员说，还是他去拜访李先生比较好，但听说李先生可能已经出发，这让他不知如何是好，那可是莽莽流沙，又适逢盛夏，骄阳似火，一位老人踽踽独行，想来令人无比担忧。去劝阻吧，电话无法接通，去迎接吧，沙漠又无路可寻，于是，他只能“伫立田头，极目恭候”。

直到夕阳西下，就在他准备奔向榆林城请求救援时，李先生终于出现在流沙边缘，他身着中山装，脚蹬懒汉鞋，手扶一根自制的拐杖，汗流浃背。他赶紧迎过去，竟一时语塞：“您，我应该前去看您呐！穿越沙漠，后怕呀！”挥汗如雨的李先生笑道：“我可是地质考察出身，天上地下都会给我方向的，你慢慢说、慢慢说！”

原来，李先生听说新墩连队有一位北京林学院毕业的北京人，算是“他乡遇故知”，于是专程过来“一睹为快”。

荒漠瀚漫，薄暮昏沉，李先生草笠粗衣，汗湿拄杖，穿越10余公里沙漠，前来与一个青年学者相会，其情其景，令人感慨万千。他急忙把李先生让进自己10平方米的斗室兼陋室，一盘土炕占了半间屋，窗下一张两斗桌，桌前一条长凳，仅此而已。李先生进屋后凝视着正墙上画在三合板上的一幅油画问他：“是你的大作？”他回答：“是闲极无聊时临摹的。”李先生若有所思地说：“好像是伊万·希什金的？你有他的画册？”“是的，是伊万·希什金。”一问一答之间，两人已经缩小了心理距离。

周心澄一边准备晚餐，一边与李先生谈诗论画。饭前，他特意把煤油灯烧焦的灯芯剪掉，以使之更亮。他特意拿出一瓶山西杏花村的“竹叶青”，斟在一个20毫升的小量杯里，还煮了一小锅绿豆小米粥。在当时，这已经是他的最高接待标准了。

李先生笑道：

油灯看风景，饮酒用量杯。
绿豆可祛暑，情浓一醉归。

他说，“先生神思敏捷，这不就是五言绝句吗？”于是，和先生原韵一首：

土炕足安卧，先生可满杯。
登门教弟子，羁旅不思归。

言罢，两人相视大笑。

餐后，土炕之上，二人抵足而眠。

想着李先生已经在沙海里、烈日下跋涉5个多小时，他劝李先生尽早入睡，岂料李先生以“教弟子”“不思归”为由，竟声情并茂，侃侃而谈，天南地北，如数家珍。月上中天时，他感到，这场“忘年之交”真的已经拉开了序幕。

“海内存知己，天涯若比邻”。
与君一席话，盛情千尺深。
揄扬非所愿，勉励确可珍。
相逢便相识，知音胜万金。
祝君征途上，汗水泽砂尘。

谁能相信，这是一位学界泰斗，一位饱经沧桑的老人，写给一个正在“当农民” 的大学生的诗呢！什么叫作大象无形，什么叫作虚怀若谷，什么叫作提携后辈，在李先生的诗里已经表达得淋漓尽致了。周心澄在回信中写道，“勉励确可珍”一句令我无地自容，先生答道：“彼此，彼此。”原诗后来被编入36年后出版的《李连捷院士与中国土壤科学——纪念李连捷院士诞辰100周年》一书中。

在周心澄简陋的房间里，“残桌破凳，油灯土炕”，一个64岁的学界泰斗，一个28岁的青年学者，一个诙谐幽默，一个睿智通透，两人心有灵犀，几杯秦川大曲下肚，便畅聊古今，吟诗唱和，彻夜无眠。两人促膝相谈，不忍分别，于是又住一日。两人都属猴，但年龄刚好相差36岁，但李先生推心置腹，竟连自己的经历和家事也一股脑儿地端了出来。

1908年6月17日，李先生出生于河北省唐山市玉田县玉田镇黄庄子村的一个农民家庭。1927年，从北京汇文中学毕业后考入山东齐鲁大学医学院。1928年，日本侵略军出兵侵占济南，造成“济南惨案”，李先生被迫转入燕京大学理学院，先攻读生物学，后改学地质地理学。1932年，从燕京大学理学院毕业后获得理学学士学位，同年被聘为中央地质调查所调查员，协同美国土壤专家梭颇到全国许多省份进行土壤、地质调查。1940年获得中华文化基金奖，被派往美国考察水土保持工作继而留美学习，1941年获得田纳西大学农学院理学硕士学位，当年秋季转入伊利诺斯大学农学院就读，1944年获得哲学博士学位。之后，应美国军事制图局之聘，到美国联邦地质调查所军事地质组工作。

1945年从美国回国后，担任经济部中央地质调查所研究员。1947年受北京大学农学院之聘，担任土壤学教授、土壤系主任，与陈华癸先生共同创立了中国第一个土壤肥料学系，并在陈华癸先生之后担任了系主任。1949年担任北京农业大学教授，先后兼任北京农业大学研究院副院长、遥感所名誉所长。1955年当选中国科学院学部委员，1956年被聘为高等教育部一级教授。1956—1957年兼任中国科学院新疆综合考察队队长，1964—1966年兼任北京山区综合考察队队长。

李先生归国之后曾两次远赴西藏考察，又先后赴东北松辽平原、新疆阿勒泰、宁夏河套灌区、海南黎族村寨等，足迹遍布大江南北、长城内外。

谈话间，周心澄感到，李先生的家庭生活可能不尽如人意，但这丝毫没有影响到他“白发负笈下雍州，苦学巧匠补地球。不让荒砂随意走，敢叫无定永清流”的一腔豪情。

当年沙区的生活十分艰苦，且不说住的土屋，单说饭食，一听名字就令人生畏，主食是“钢丝”（高粱面做的饸饹）、“铁饼”（高粱面、青稞面做的饼子）、“铜锤”（玉米面、麸皮做的馍馍），副食一年四季一成不变的是酸菜擦擦（酸菜和土豆煮熟，用木杵捣成的泥浆）。初来乍到，肠胃不适，便秘是常态。这对于一位从西方归国的一级教授而言，对一位年逾花甲的老人而言，不啻是一种炼狱般的考验。然而，李先生从来没有怨天尤人。从下面这首名为《榆林》的七律即可看出，即使在十分困难的情况下，他仍然以大自然的生机和历史的规律来认识自己、认识世界，乐观开朗：

既是沙乡又水乡，迎风十里野花香。
遥看瀚海千层粮，回首高台万里墙。
无定河边新稻绿，马合滩上夏麦黄。
八千云月谁是客，百年无疾好飞翔。

李先生一再告诫周心澄：“告诉你，每天半盆酸菜一定要全部吃掉，每餐半斤一个的青稞馍馍也要全部吃掉。为了生命，吃啊吃，我都吃光，你更要吃光，吃才有事业。”李先生还说：“美味佳肴也好，粗茶淡饭也好，不过都是碳、氮、氢、氧。”不管“居庙堂之高”还是“处江湖之远”，李先生永远生活在自己豁达而幽默的精神世界里。

不过，李先生间或也显得忧心忡忡，像发问又像自言自语：“你知道吗，学校搬迁，从北京到铜川，大小火车站哪个不堆着学校的仪器、设备、图书，畜牧系进口的种牛也得了大骨节病，损失惨重，这才是活见鬼了。”当时这种犯忌的话，只能在极其信任的人面前说，而且只能窃窃私语。

两人在笑谈之间，不知东方之既白。

周心澄算了一下，自己呱呱坠地之日，正是李先生获得博士学位之

时。得此良师，何其幸哉！于是，他披衣而起，秉灯写就《七律·赠李先生》（其二）：

远渡重洋眼界宽，奢华不改此心丹。
故园地质需勘测，土壤资源待新编。
百代了如指掌里，九州写入胸怀间。
壮行雪域征东海，塞外别离下岭南。

赤子

本来，李先生在马合农场不过是应政策之景，去与贫下中农搞“三同”（同吃、同住、同劳动）。周围除了“臭老九”们惺惺相惜之外，在大多数人的眼里，他不过是一个和善乐观的老头而已，而教授在当时只不过是“高贵而愚蠢”的代名词罢了。

按照中国知识分子的处世哲学，李先生完全可以修身养性、明哲保身，看看园子种种菜，以为“韬晦”。可也许是“祖国需要任西东”惯了，“百年无病好飞翔”惯了，他又开始了夜以继日的考察与研究，因为“老骥伏枥，志在千里；烈士暮年，壮心不已”是一种理念、一种精神，之所以能够融入他的诗歌，是因为早已融入了他的骨髓。

《诤友》月刊记者曾经专访过周心澄，将一篇题为《把论文写在大地上的人》的文章，刊发于2000年第5期上。

实际上，李先生和周心澄都是把智慧写在大地上的中国知识分子，其赤子情怀如蔗糖溶于泉水一般，虽然看不见，却无时不在、无处不在。

自此之后，周心澄与李先生骑着自行车，无拘无束地在周边沙漠考察。在那个“知识无用论”风靡的年代，这不能不说是一种幸运，考察的那些日子给了他们一种“天高任鸟飞，海阔凭鱼跃” 的畅快。每当遇到一个高坡，李先生居然会与他比赛着放开嗓子呐喊“冲呀，冲过

把论文写在大地上的人

文/广龙

直升飞机沿着黄河在陕西和内蒙古交界的上空飞翔。放眼望去，黄沙漫无边际，百里荒无人烟，给人一种苍凉悲壮的感觉。可到了榆林沙区上空，人们眼前却突然一亮，一大片约数百平方公里的绿色灌木林带映入眼帘，顿时使人心旷神怡，对绿色树木的重要性有了更加深刻的认识。

榆林人民创造了这样一个绿色奇迹，其中就有我国著名的干旱生态和水土保持专家周心澄教授浓重的一笔。周教授和他的同事们在榆林治沙奋斗了几十年，把绿色的希望播撒在贫瘠荒芜的沙地上，使沙漠多了一些绿的色彩。

扎根荒漠埋头治沙

1967年，从北京林学院林业系毕业的周心澄，被分配到陕西榆林沙区工作。离开繁华的大都市来到荒无人烟的毛乌素沙地的一个农场，尽管思想上已有些准备，但对眼前的景象还是感到吃惊。到处都是沙，凛冽的西北风裹着黄沙吹得人睁不开眼睛，几间破房子在风中摇摇欲坠。等一切安顿下来后，才发现实际困难比看到的还要多。自己在学校学的专业是研究森林资源问题，也就是研究东北林区的发展和保护。可现在要研究的却是防沙治沙，一切只好从头学起。由于没有电，伙食又太差，凑合着填饱肚子后，晚上早早就上了床，时间太早睡不着，窗外狂风呼啸，肚子咕噜噜叫，那种饥寒交迫的感觉，多年后他还能够清楚地记得。当时无论是种庄稼还是育树苗，都是刀耕火种，三人一组，一个挖坑、一个播种、一个填埋。由于条件的艰苦和环境的恶劣，几个月后，和周心澄一块分配来的江苏大学生，因患病，只好离开了沙区。周心澄没有被困难吓倒，他顽强地挺了过来。

1973年，在上级有关部门和榆林市林业局的大力支持下，成立了治沙站，周心澄担任了站长，他与其他专家密切配合，积极筹备建站工作。在沙漠边上盖了一些房子，吸纳了一些知识青年，又物色了几个当地人和一名教师。一切工作基本就绪后，治沙工作就开始了。

治沙工作最重要的是固沙植物种的研究选择，也就是说，得找出最适合沙漠生长的树木，然后开展大规模的苗木培育和种植工作。为了搞好研究，周心澄走遍榆溪河一带方圆38公里的地方，认真观察沙漠中每一种植物的生长情况，收集资料，掌握信息，并绘制出详尽的生态环境地理图。功夫不负有心人，经过比较、筛选，他初步选定了三十多个林种、草种进行培育和观察，终于培育出了适合当地沙区生长的耐旱耐寒、易成活、固沙能力强的矮生灌木树种。

沙区造林树种经上级确定

诤友 2000·5 30

2000年第5期《诤友》期刊刊发采访文章

去呀”，颇具“老顽童”的品性。然而，一涉及专业，则马上又是一副“老夫子”的学究神态。

李先生对地质学、土壤学上的事情是“穷究其理”，而且当仁不让。就拿“沙漠”“沙地” 这个“沙” 字来说，李先生认为应当用“石” 部的“砂”字，因为就成因来说，风力活动才是塑造沙漠、沙地的动力，而且“砂” 的主要成分是石英，物理上从“石”，因此应该写作“砂漠”“砂地”。周心澄解释，用“水”部的“沙”或许是约定俗成，或许是古文遗留，李先生则不以为然，想来可能与其把土壤划分为三个土纲——自型土纲、水型土纲、复成土纲有关。

李先生的观点如此，应用起来自然我行我素，如“既是砂乡又水乡”“祝君征途上，汗水泽砂尘”等诗句，用的都是“砂”字，可见其“择善固执”的科学品性。李先生说，就土壤学这样的学科而言，工作的基本框架就是“考察—纠偏—决策—发展”八个字，考察的目的“一是丰富学科理论，二是促进经济发展，除此之外，没了”。

白天，他俩在周边各种农地、林地挖掘，观察土壤剖面；晚上，则在煤油灯下分析、研究一些基础资料。周心澄不得不从心底里佩服李先生的考察经验，土壤湿度是李先生用手攥一把土攥出来的，土壤结构是用拇指与食指捻几下捻出来的，土壤肥力则是用肉眼观察出来的。李先生开玩笑说，“我们自身就是最完美的仪器，用得多了就有了自记功能。”

李先生说，他的考察行程估计有二三十万公里，观察过的剖面至少也有五六千个，难怪他对土壤剖面的观察已经达到“庖丁解牛”的境界。

对毛乌素沙漠的起源历来有不同认识，一派认为是“上帝的杰作”，一派认为是“人为的造就”，而李先生则认为是“上帝”（自然因素）和人为（经济活动）共同驱动的结果。既然如此，榆林的经济发展就必须尊重自然规律并约束自己的行为。据此，李先生针对当时的农业和林业生产提出了不少自己的“看法”。临回北京前，李先生将这些“看法”都留给了周心澄，并说：“这也算是一种礼物或纪念吧！”说实在的，周心澄本人当时心灰意冷，对这些“礼物或纪念”并没有多么珍视。然而，意想不到的是，李先生的这些“看法”竟在以后的工作中一一得到了验证，并在他以后主持的一个国家级科研项目中起到了至关重要的作用。

科学，只对真懂科学的人才有用！

1972年，在榆林沙区，不知是谁的决策，当地政府决定发展“两杂两薯”（杂交高粱、杂交玉米和马铃薯、白薯），种植任务层层下压，李先生说，“我只认可其中的四分之一——马铃薯，另外四分之三恐怕不适合这里的土壤和气候，何况没有任何试验，这不是在与大自然叫板吗？况且今年春天风大，是经过三四次播种才捉住苗的，早已误了农时，为什么还要强行种植？别瞧现在长得不错，秋后算账再看吧！”他认为，榆林农业生产的关键在于培育“小日月”优良品种，一切育种、引种的推广都必须经过试验。为此，他专门给榆林一位主管农业生产的主任写了一封信，建议抢时间种植糜谷、青稞和荞麦。果然不出李先生所料，因为早霜，那四分之三根本不能成熟，导致20世纪70年代榆林出现了最大的一场饥荒。到了冬季，国家不得不从东北调运玉米来救灾，而“两杂两薯”的决策再也无人提及。

20世纪70年代，榆林沙区的林业是“一群羊（杨）”，无论沙地、滩地，造林是千篇一律的合作杨、北京杨、小叶杨等杨树品种。这也与当时的林业政策有关，因为只有栽植乔木才能统计为造林面积，也才能得到财政拨款。李先生承认，造林是改善沙区农业生产条件和人们生活环境的重要手段，但必须有规划设计，要因地制宜，要考虑效果。他提出，杨树、柳树用来营造农田防护林，最好栽植在排水渠两侧，形成田、渠、路、树体系，李先生颇为幽默地说：“诗曰，旁溪杨柳翻碧浪，无溪则无浪。”

滩地造林选择什么树种？杨树肯定是不行的，沙丘和丘间地应以乡土灌木为主。李先生还就沙区宜林地的利用绘制了一幅模式图，依据土地利用和土壤分类，划出滩地与周边沙地两个圈层的配套体系。虽然纸笔质次，但图形十分精美，其学术功底可见一斑。李先生幽默地说：“如果有一天你说话算数了，就验证一下我这张图。”周心澄哑然失笑道：“我一介草民、乡野村夫，您还指望我有说话算数的那一天吗？”李先生说：“我相信，上级不会一直让你这么吊儿郎当的！”这话也有“典故”，早前他和李先生说：“我现在一天到晚是吊儿郎当。”李先生则说："彼此彼此，我是郎当吊儿。"

这样的话也许是在那个特殊年代知识分子的自嘲，抑或是发泄吧！

应该说"人算不如天算"，说时迟，那时快，那一天就真的来了。

1974年，国家下达"榆林沙荒大面积植树造林扩大试验"科研项目，榆林县的这项工作交由周心澄主持，他立即向已经回到北京的李先生做了汇报，李先生十分高兴。试验设计按照李先生构思的框架进行，前后八年，周心澄或书信往来，或登门拜访，李先生自始至终都给予了周心澄以教诲和指导。在李先生勾画的两个圈层内，在内圈滩地上，形成了田、水、路、树体系；在外圈沙地上，以乡土灌木为主，营造了多种固沙林。这项研究后来获得了首届国家科技进步奖。

1985年5月15日，周心澄代表陕西参加了首届全国科技奖励大会。会后，他专程登门致谢，李先生异常高兴，久久握着周心澄的手不放，中国知识分子的赤子之心由此可见。

与李先生相逢、相识、相知历经20年，按照李先生"揄扬非所愿"之愿，无论是书信往来还是登门拜访，两人早已如庄子所说的，是"君子之交淡若水"了。他关注着李先生，欣赏他为知识分子生活条件呼吁时的幽默："一家炒菜，八家闻香"；他欣赏李先生披肝沥胆针砭时弊："文山会海，清谈误国"；他欣赏李先生以耄耋之躯跋山涉水："缘木求鱼，探索自然"。

特别要提到的是"缘木求鱼"。李先生在给周心澄的诗中常用成语"缘木求鱼"，他认为这是一种科学探索的精神。任何科学技术在发现、发明之前，常人往往认为是不可能的，科学家则敢想常人之不敢想，敢行常人之不能行，因此才有所发现、有所发明。法国作家儒勒·凡尔纳1863年发表的小说被称为"科幻小说"，借用李先生的话，也可称之为"缘木求鱼小说"。只不过150年，儒勒·凡尔纳的不少幻想已经变成现实。李先生"缘木求鱼存真理，守株待兔真愚顽"的确是至理名言，值得所有科学工作者深思。

1973年由农村返回北京后，李先生着手翻译《土壤地理的微形态特征》一书，后来又去河北省曲周县参加治理盐碱地工作；1976年，到湖南省城步苗族自治县进行草山开发治理研究；1978年应邀出席了全国科学大会，并获得全国科学大会奖；1979年，农业遥感与应用培训中心在北京农业大学成立，李先生出任中心主任；1992年1月11日，李先生因病在北京逝世，享年84岁。

两人相逢、相识、相知，前后20年，情同父子，直至李先生逝世，中国农业大学资源与环境学院及先生子女均知此情，出版《李连捷院士与中国土壤科学》一书时，他们特意约请周心澄写了一篇纪念文章。由于大学毕业前夕那段特殊的经历，周心澄极少保留文字类的东西，可偏偏在写作《相逢便相知，知音胜万金》一文时在故纸堆里翻出了37年前

144　　李连捷院士与中国土壤科学

"海内存知己，天涯若比邻"。

相逢便相识，知音胜万金。

李连捷

"桃花源"的生活。

又，《闻退休有感》："暑往寒来尘土中，转眼已成白头翁。为追穷寇不卸甲，欲擒主虏挽强弓。沙场奔驰无南北，祖国需要任西东。喜看重山杨柳绿，黄土坡上不老松。写于1971年秋。"虽然年逾花甲，鹤发苍苍，但不甘心于退休的闲适，希冀为祖国继续在沙场奔驰。

好个"百年无病好飞翔"，好个"黄土坡上不老松"！先生博闻强记，一首接一首，充满了对生活的赞美，对事业的执著，对后辈的关爱。

不过，先生间或又显得忧心忡忡，像发问又像自言自语："你知道吗？学校搬迁，从北京到铜川大小火车站哪一个不堆着学校的仪器、设备、图书，畜牧系进口的种牛也得了大骨节病，损失惨重，这才是活见鬼了。"没想到，先生说这种"犯忌"的话竟也那么自然而从容。诸如此类的议论，也只能窃窃私语，"一片忧国丹心，弹丝吹笛，未必能陶写"（宋・戴复古）。

吟诗中，笑谈中，忧心中，不知东方之既白。

发表于《李连捷院士与中国土壤科学》一书的纪念文章
《相逢便相识，知音胜万金》

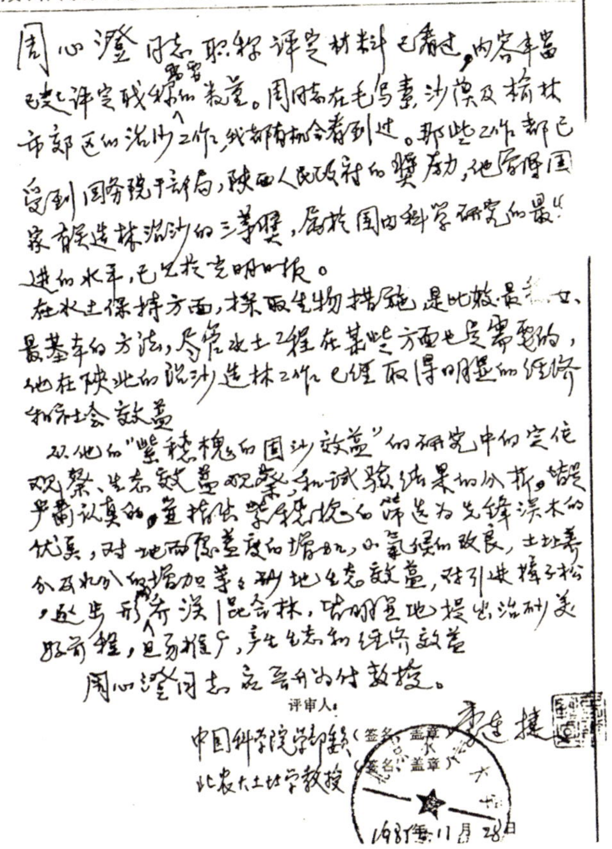

有关学科专家的评审意见（对确定或提升的教师担任现职以来有代表性论著的鉴定）

周心澄同志职称评定材料已看过，内容丰富，已足评定我所需要的意见。周同志在毛乌素沙漠及榆林市郊区的治沙工作，我都随机会看到过。那些工作都已受到国务院嘉许，陕西人民政府的奖励，他曾获得国家林业部造林治沙的三等奖，属于国内科学研究的最先进的水平，已见于光明日报。

在水土保持方面，采取生物措施是比较最省工、最基本的方法，尽管水土工程在某些方面也是需要的，他在陕北的治沙造林工作已经取得明显的经济和社会效益。

从他的"紫穗槐的固沙效益"的研究中的定位观察、生态效益观察，和试验结果的分析，是严肃认真的。并指出紫穗槐的筛选为先锋灌木的优点，对地面覆盖度的增加，小气候的改良，土壤养分及有机质的增加等等对地生态效益，特别是樟子松之逐步形成灌乔混交林，特别是沙地提出治沙的美好前程，且易推广，产生生态和经济效益。

周心澄同志应晋升为副教授。

评审人：

中国科学院学部委员（签名、盖章）李连捷

北农大土壤学教授（签名、盖章）

1987年11月28日

李连捷院士为周心澄书写的副教授评审意见

的几页日记，这几页日记的时间恰恰又是与李先生相识的那些日子。这一切或许源于在他的人生旅途中总能得到李先生的扶持、指引，以至于无比珍惜吧。

在写作《相逢便相知，知音胜万金》一文时，周心澄竟数日夜不成寐，往事翩翩入梦来，正如白居易所描绘的“与师俱是梦，梦里暂相逢”。两人之间的莫逆之交发端于诗、唱和于诗，于是周心澄以诗寄情：

边城夜话屡追思，陋室香熏共赋诗。
两鬓苍然朝气在，三边锦绣苦心织。
迎风北塞犹求索，踏雪南山亦劲驰。

大笔如椽多创见，珠玑字字后人师。

在周心澄人生的在几个重要关口，从科学研究、工作调动、职称评定乃至家庭生活等，都得到了李先生的大力支持。在晋升副教授时，他曾请求单位把论文寄给李先生评审，北京农业大学人事处考虑到老人年近八旬且患有眼疾，况且关系到副教授职称评定，便代为拒绝了，李先生知道后立即追回材料，并亲笔书写了评审意见。后来从字里行间可以看出，老人当时书写文字已经相当困难了。

2008年9月25日，周心澄与李先生的亲友一起参加了李连捷院士的铜像落成仪式，《相逢便相知，知音胜万金》一文后来还被收入了《李连捷院士与中国土壤科学》一书。有趣的是，文中提到1972年他和李先生“吊儿郎当”和“郎当吊儿”的“典故”，编辑居然原文照登，出版后周心澄追悔莫及。不过，这也可以从另一个角度看到两人的真性情，反倒成了这篇文章最精彩的一笔。李连捷院士铜像落成仪式后家属合影，其长子李亮对周心澄说：“20年来，家父视你为义子，你也应该加入家属合影。”

李连捷院士铜像落成仪式家属合影

站长

1973年8月7日，周心澄被调到榆林县林业局工作。此次调动，原本是榆林中学要他去当老师，当时的主管部门不放，才被调到了县林业局。

在人生的道路上，居然存在这么多偶然因素。

1975 年在榆溪河畔考察流沙治理总体规划

榆林县林业局原址在东山梅花楼，那里是他的暂住地。暂住地以榆溪河为界，东部为河川耕地与黄土高原，西部为流沙荒漠。调入榆林县林业局之后半年内，周心澄先后承担了沙地、山地、川地的规划工作。

在榆林县林业局工作的将近五年，是他工作上最艰难的一段时间，需要不断探索、不断学习。

1974年夏，他随榆林地区林业局副局长田燕如、工程师赵田夫考察榆溪河南沙地，准备实施国家下达的沙地治理项目。从此，他正式开始了防沙治沙研究工作。也是这一年，国家下达了一项重大科研课题——“榆林沙荒大面积植树造林扩大试验”，任务十分艰巨，但经费很充裕，田燕如副局长意外地指定他为主持人之一。

1974年冬，他搬入榆林县文工团的三间房，一侧卧室，一侧暗室，中间客厅，且免费居住，就连门前的米脂婆姨也未感意外，这在现在是难以想象的。当时，前院为县林业局，后院为县文工团宿舍，县林业局的小楼上刚好有县文工团的三间房，正好给周心澄借用。他至今仍然念念不忘当年那些可敬的领导所给予的信任、关爱和自由。当时，局长特许他不用参加各种政治性活动，还特意把他的爱人王芳萍从苗圃调到他的身边，专门照顾他和两个孩子的生活，并支持他筹建榆林县治沙试验站，给予了一个知识分子超出预期的关心和爱护。

治沙工作在榆林，可谓重中之重。

免费借用林业局楼上县文工团三间房

民国时期靖边县第一任县长牛庆誉是榆林治沙造林的先导者。为了治沙造林，他曾在县政府大堂上悬挂一副对联："妄要同胞一分钱，请唾我面；莫忘公仆两个字，感服孝心。"

1975年夏，榆林县林业局正式成立治沙试验站，他被任命为站长。试验站设在距县城2公里的秦河公社麻地湾大队。正逢而立之年，他深感如牛负重。从这首《水龙吟·治沙遐思》，尤其是这首词结尾处的三句，即可窥见他当年的雄心壮志：

接天瀚海翻腾，惊涛席卷云烟暗。红石峡谷，浮雕题记，龙蟠肝胆。无定湍流，涛声回述，春闺哀怨。看长墙破败，刀痕箭迹，数千载，关山断。

今日霞光灿烂，展宏图，心连蒙汉。荒芜沙地，植兴安树，绿呼伦毯。寥廓平川，撒洞庭种，开都江堰。若黄河引水，浇灌草木，碧波潋滟。

这也是他与从当地封闭环境中成长起来的人不一样的地方，他的视野已经从一个知识分子单纯的"修身、齐家"，进入了作为一名领导干部"治国、平天下"的境界。

学农的，多数是农家子弟，由于经历所限，一般而言，思维没有那么开阔。对同事而言，他是大家当中的一个"异类"。他知识面很宽，思想敏锐，看问题能抓住要害，大家都很佩服他。当地同事说，他是从北京来的，他跟从农村出来的人不一样，思维方面尤其不一样，他不太在乎眼前利益，也不太在乎人们怎么议论，什么事都要自己去做一做，并扭住不放，一直往前推进。他知道的东西比一般人多得多，而且思想非常活跃，大家都觉得他"想法多，点子多"。他每次出去走一圈，就会产生好多新想法。他善于观察世界、分析问题，并从中总结出事物发展的规律。

他明白，以人类现有的能力，治理沙漠仍然十分困难。要想治理所

为建固沙示范样板林进行测图规划

测绘成图后与同仁讨论治沙方案

有沙漠，特别是天然形成的沙漠几乎是不可能的，事实上也没有必要。他深知，毛乌素沙漠的情况完全不同，长城沿线的降水量在250～400毫米，比较有利于植物生长。此外，这里的地下水资源比较丰富，固定和半固定沙丘的面积较大，在治理上要比天然沙漠容易得多。因此，只要方法得当，再加上长期艰苦努力，当植被覆盖率提升上去之后，通过植物影响当地的气候，沙漠完全可以变成永久性的绿洲。

他的心里有一个大世界，他并不会只看“树木”，他还能走出“树木”，看到“森林”。

感动于领导的信任，他与同事密切配合，在沙漠上盖了一些房子，吸纳了一些知识青年，又物色了几个当地人和一名教师，榆林县治沙试验站就算成立了。没有办公条件，“周小苗”就带着三个知青吃住在老乡家。后经协调，上级部门拨了资金，他立即修建了六间房，治沙试验站从此有了自己的房子，终于有条件开展土壤分析、地质测量、气候观察、规划设计等工作了。后来又新修了10孔窑洞，并整地十几亩，在单位周围开展种植、养殖并开挖鱼塘等，使站里的日常生活实现了自给自足。

治沙工作最重要的是固沙植物品种的选择，也就是要筛选出最适合当地沙漠生长的树木，然后开展大规模的苗木培育和种植工作。为了搞好试验，他走遍榆溪河方圆38公里的地方，认真观察沙漠中每种植物的生长情况，广泛搜集资料并绘制出详尽的生态环境地理图。

“功夫不负有心人”，他最后选定30多个树种、草种进行培育和观察，终于培育出了适合当地沙区生长的耐寒、耐旱、易成活、固沙能力强的矮生灌木品种。之后，大规模的沙区种植全面展开，他和站里的其他同事一起，组织当地几十个生产队的劳动力日夜奋战。看着沙区新栽的灌木林一天天扩大，轻抚幼小的树苗，他心里充满了自信。多年后，他亲自督导的固沙示范样板林，像一颗璀璨夺目的绿色宝石镶嵌在榆林沙区，这份成就感让他自豪而又踏实。

前后八年，他在榆林县治沙试验站的滩地上实现了田、水、路、树的体系，在站外的沙地上，以乡土灌木为主，营造了多种固沙林。

当了站长之后，他考虑的事情不同了，权力与地位也明显不同，活动范围与工作内容已经与从前不可同日而语了，他终于拥有了可以一展才华的舞台和空间。

1976年治沙站初建六间平房——从右至左依次为实验室（两间）、资料室、办公室兼摄影暗室、会议室、厨房（如今在该处已建起四层大楼）

1976年建立的沙地气象及小气候观测站

1976年治沙站东望：榆林西沙、榆溪河、川地农田、榆林城、东山

1976年治沙站北明长城烽火台残墩

1975年10月15日，他首次乘坐从榆林到西安的飞机。榆林机场在南郊，跑道由夯土建成，机型为“安2”，相对座位两排，只能乘坐8人，每周发3班，不能直飞西安，中途还要在延安加油。

1975年12月20日，他先赴西安，后乘“子爵号”飞机赴北京采购摄影器材，并与弟弟、妹妹及表弟聚会。“子爵号”，两排座位，载客大约70人，行程约3小时，票价57元。

1976年秋，他的沙地气象观测站建成。

1977年夏，他的摄影暗室建成，并首次冲洗成功。他还在治沙试验站建立了资料室、实验室、气象观测站等。为了保存影像资料，他先在寄卖行买了两台旧照相机，直到两年之后才用上了“海鸥120”和“珠江

135”，而那些放大机、曝光箱和上光机就只能动手自制了。

每年早春和晚秋，他都会组织科技人员走出当时十分闭塞的榆林外出考察，以开拓视野。他始终认为，“读万卷书”远不如“行万里路”。他总是说，大自然就是最鲜活的精灵，它会启迪你的思维、点燃你的激情、净化你的心灵。北起长白山，南到尖峰岭，东从长三角，西至吐鲁番，这一时期他考察了无数的自然保护区。

在科尔沁沙地考察时，他发现这里与毛乌素沙地颇为相似，原来以草原为主，由于近百年来人为的农牧、工矿活动导致沙地形成，经过几十年的治理，已经形成大面积樟子松林。这一经验后来被他成功复制到了榆林。过去榆林在植树造林时多选择杨树和柳树，这些树种的寿命大多在30年左右，而且每年都有近半年的枯叶期。为此，20世纪50年代，榆林开始引进寿命更长的常绿树种。樟子松的试种成功，结束了榆林沙区没有常绿乔木的历史。之后，在周心澄和其他科学工作者的大力推动下，从20世纪80年代起，榆林开始大面积推广樟子松，目前面积已经达到150万亩，并且还以每年10万亩的速度增加，樟子松也因此成了榆林治沙的功勋树种。

治沙解决了人的贫穷问题，解决了人的吃饭问题。随着政府投资力度越来越大，在过去的基础上，还要讲究经济效益，周心澄因此提出了生态经济型防护林体系建设的思路。自2020年以来，榆林开展了“塞上森林城”提质增效行动，沙柳、柽柳、紫穗槐等灌木伙伴来了，杨树、柳树等乔木伙伴来了，沙蓬、甘草等草本伙伴也来了。

在这里，我们还要埋下一个伏笔，就是那时的差旅补助每人每天只有0.4元，尽管后来涨了一倍，但每次回来报销交通费、住宿费总是大费周折，这让周心澄伤透了脑筋，也成了他后来创办民办科研机构和水土保持服务公司的动因。

治沙

1978年11月，国务院作出决定，建设“三北防护林”，即在我国西北、华北和东北风沙危害和水土流失严重的地区，建设一个大型的防护林体系工程，以减少水土流失，防止土地进一步沙化。这一工程要经过70年才能最后完成。“三北”地区大部分是干旱、半干旱地区，植被稀少，少雨干旱，地表裸露，蒸发量大，生态平衡早已打破，常见风沙滚滚。因夏季、秋季集中的暴雨，黄土高原每年发生水土流失的面积多达43万平方米，平均每年流入黄河的泥沙高达16亿吨。在原有森林植被的基础上，“三北”地区采取多种途径，如飞机播种、人工造林、封沙封山、育林育草等措施，有计划、有步骤地建造防风固沙林、水土保持林、牧场防护林、水源涵养林，以及薪柴林、经济林、用材林等各种林木，使得乔木、灌木、草本植物相互补充，林带、林网、片林相结合，农业、林业、畜牧业协调发展，真正改善“三北”地区的生态环境，促进经济全面发展。

作为榆林县治沙试验站站长，周心澄响应“三北防护林”建设总体方针，曾提出“榆林县防沙治沙对策”，在与挚友李广毅研讨后，提交给县林业局聂宪民局长。

一、抓好防沙治沙重点工程。落实工程建设责任制到县、公社

（乡）、大队（村），健全工程质量及验收标准，加强成果管护，确保工程稳步推进。

二、强化依法治沙。加大执法力度，提高执法水平，在特定地域，特别是在治沙林幼林中强力推行禁垦、禁牧、禁樵的有效政策和措施。

三、在治沙试验站建设防沙治沙综合试验区。延续每年春季动员全县各级领导和职工深入试验区按照规划进行义务植树造林，促使防沙治沙理念深入民心，扩大防沙治沙政策措施、技术模式和管理体制在全县推广。

四、依靠科技进步。推广和应用防沙治沙实用的技术和模式，推广李连捷院士早年提出、近年在治沙站实行的滩地与周边沙地两个圈层的配套体系模式。在滩地实现“沙、水、田、林、路”综合布局；在周边沙地的丘间地、沙丘迎风坡、沙丘背风坡实现乔、灌、草结合，以灌木为主的造林技术。

五、健全荒漠化监测和预警体系。加强监测机构和队伍建设，将灾害性天气预报、农牧业发展与矿产开发均列入荒漠化动态和治沙造林的考虑范畴。

周心澄幸运地赶上了国家改革开放的时代列车，让他可以一展身手。

1978年，中国启动了一项令世人瞩目的事业，那就是被誉为世界生

与挚友李广毅（左一）、聂宪民局长（中）合影

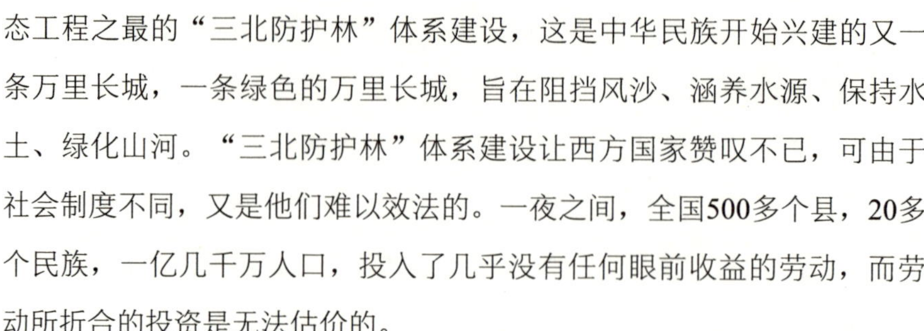

态工程之最的“三北防护林”体系建设，这是中华民族开始兴建的又一条万里长城，一条绿色的万里长城，旨在阻挡风沙、涵养水源、保持水土、绿化山河。“三北防护林”体系建设让西方国家赞叹不已，可由于社会制度不同，又是他们难以效法的。一夜之间，全国500多个县，20多个民族，一亿几千万人口，投入了几乎没有任何眼前收益的劳动，而劳动所折合的投资是无法估价的。

是灾难把老百姓推向了这一高度，是科学把老百姓推向了这一高度，是理念把老百姓推向了这一高度。多少人为绿色而奋斗，为绿色白了头，甚至为绿色献出了生命。

有一位在榆林治沙史上写下辉煌一笔的人，叫做苏振云，他率领“72个毛毛兵”——农垦干部和当时八大农场的场长，踏遍了毛乌素沙漠，播洒下了一大片绿色。这位解放战争时期的支前模范，曾两次担任榆林地区农业局局长，为绿色事业奋斗不息。后来记者采访他时，这位在越穷越光荣的年代里就大声呼吁“共产党爱穷人，并不是爱人穷”的老党员，家里只有两个塌陷的破沙发，连一台彩电都没有。

也许是秉承了靖边人的个性，一对普通的农民夫妇——张家旺和牛玉琴，承包了万亩黄沙，倾家荡产只为圆一个绿色的梦。张家旺身患绝症，坚持不懈，直干到生命最后时刻。牛玉琴继承遗志，终于使荒沙披上了绿装。牛玉琴，一个女人，一个负重的女人，一个吞下了无数苦水和泪水的女人，后来被全国绿化委员会授予“三八绿化奖章”，并受到了联合国的嘉奖。

有一滴汗水落在大地，就少了一粒输入黄河的泥沙。这些为了绿色事业毕生奋斗在穷乡僻壤的人，也许从来没有享受过现代化的生活，但他们的事迹却如黄河之水，波澜壮阔，奔流不息。

“三北防护林”体系建设一二期工程15年时间，累计完成人工造林1233.3万公顷，封山封沙育林600多万公顷，飞机播种造林60多万公顷，零星植树55亿株，“三北”地区森林覆盖率因此由5.05%提高到了8.6%。

在榆林70年的治沙史上，涌现出了一大批治沙英雄，除了作为政府官员和当地农民代表的惠中权、李守林、苏振云、石光银、牛玉琴、杜芳秀、张应龙、李增泉以及补浪河女子民兵治沙连之外，作为科学工作者的漆建忠、李广毅、周心澄等当然也不可或缺。

榆林人在治沙实践中逐渐摸索出了一套行之有效的方法，概括起来就是植治、水治和综治，最常见的沙漠治理方法是草方格，榆林人也不例外。所谓草方格，即在沙漠中利用芦苇、稻草等材料围成方格，布局

调查引进固沙植物花棒生长状况

沙地垂直风速观测

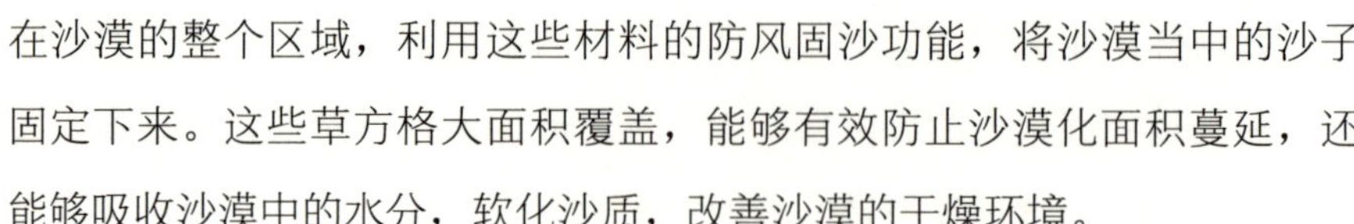

在沙漠的整个区域，利用这些材料的防风固沙功能，将沙漠当中的沙子固定下来。这些草方格大面积覆盖，能够有效防止沙漠化面积蔓延，还能够吸收沙漠中的水分，软化沙质，改善沙漠的干燥环境。

1957年，榆林县农林水牧局局长杨增占与农民技术员马柱才、高老八等人，从实践中摸索出了“以水补水”“以沙补沙”“水力开渠，长藤结瓜”的“引水拉沙”方法，为榆林的沙漠治理工作立下了汗马功劳。榆林北部虽然属于沙区，但降水量并不少，发源于内蒙古草原的无定河及其主要支流榆溪河，以及黄河几字湾的水量颇为丰富，杨增占等人发明创造的“引水拉沙”技术，其中有“抓沙顶”“麻雀战”“梅花瓣”“野马分鬃”“羊麻肠”“旋沙畔”等，颇有点八路军当年以人民战争打击日本鬼子的味道，充分彰显了群众的智慧和力量。

榆林市芹河乡蟒坑村是闻名榆林的造林治沙典范，其突出成就是农田林网建设。1959年，22岁的李广毅从西北农学院林学系毕业，被分配到榆林县。1970年初，他曾在巴拉素乡马家兔村蹲点。一个偶然的机会，蟒坑村党支部书记刘殿贵认识了李广毅，求贤若渴的刘殿贵恳求李广毅到蟒坑村蹲点。当时的蟒坑村是出了名的穷村，全村一年有大半年没有口粮。面对茫茫沙海，李广毅苦苦思索：只顾栽树，不能很快解决粮食低产问题；蟒坑村沙地下是一层烂泥，雨天水不下渗，晴天地干沙飞，要解决蟒坑村的问题，既要造农田防护林，还要解决排灌问题。1971年，李广毅和陕西省林业设计院的4名技术人员帮助蟒坑村搞了林、田、路、渠综合规划，并以育苗学习班等形式引导农民，乡亲们觉得很新奇，县里也很支持，当年就付诸实施。从此开始，蟒坑村渐渐变了模样：在由20万株林木编织的农田林网的保护下，74.4公顷灌溉农田长起绿油油的庄稼。1971年，蟒坑村粮食产量比1970年翻了一番。从1973年开始，由李广毅在这里总结提炼出的“蟒坑模式”开始在榆林沙区全面推广。 他们采用“三道防线”的战法，固沙林、环滩林、网框林层层设防，“一封（促进沙生植物自繁自长）二障（搭建屏障）三栽种（栽植与播种相结合，人工栽种与飞播相结合，乔灌草相结合）”等措施，在全市大小滩地及河谷营造林网数千条，栽植杨柳数百万株，使风沙区渐渐实现了林网化。时任国务院副总理陈永贵得知后前往考察，并给予很高的评价。基于在蟒坑村蹲点五年所积淀的经验，李广毅被调入正在筹建中的西北林学院，后升任院长，并成为全国政协委员。

榆林人谈治沙必谈飞播造林，榆林沙区有四分之一的沙地是靠飞播绿化的。榆林有600万亩远沙和大沙通过飞播得到治理，其技术贡献被一语道破：“榆林的飞播治沙全国最早，它把榆林的治沙向前推进了20年，20年就是一代人，这项技术节省了一代人为之奋斗的治沙过程。”

榆林沙区飞播造林走过了一条艰难探索的道路，陕西省治沙研究所外那片长满茂密低矮林草的沙地就是最早的飞播治沙试验地，始建于1957年，是由竺可桢领导的沙漠考察队筹建的。当时这里全是流动沙地，植被覆盖率不到3%，只有沙蒿、沙柳零星分布。经过半个多世纪乔灌草混合造林、针阔叶混交造林，现已全部改造为固定沙地植被，植被覆盖率达到85%以上。

陕西省治沙研究所开创性地开展了我国最早的沙区飞播造林种草试验，以漆建忠为首的科研团队，从宜播地类、植物选择、播期播量确定等多个方面展开广泛而深入的试验研究。漆建忠总结出的毛乌素沙地风沙移动规律，为沙区人工造林、飞播造林、公路防沙、水库防沙等提供了理论依据，使人工造林成活率由原来的50%提高到后来的80%。

飞播造林，看似简单实则复杂，哪些种子容易发芽，在什么时候播等都要掌握好，200米高空播种，面临很多挑战。专家们从1958年到1968年的10年间，先后搞过8次飞播试验，都失败了。1974年，国家有关部门组织协作组，对飞播造林开始了新的探索。选择适宜的飞播植物种是飞播的先决条件。他们在艰苦的探索中，选出了沙蒿、踏郎、花棒等一批适宜飞播的植物。踏郎这种小灌木是中国林科院刘建华等人从内蒙古引种到榆林的，当初试播了3亩，没想到播下不到3天，种子就被老鼠吃了

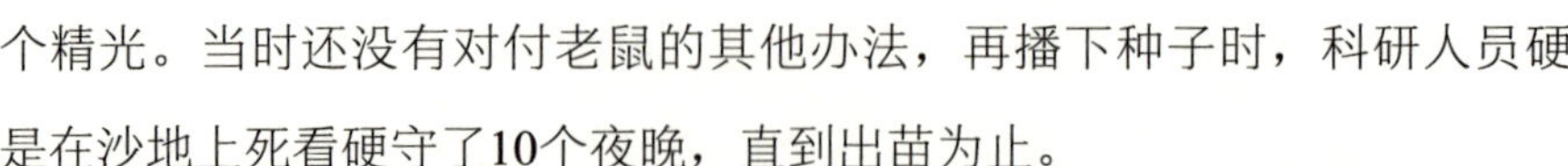

个精光。当时还没有对付老鼠的其他办法，再播下种子时，科研人员硬是在沙地上死看硬守了10个夜晚，直到出苗为止。

榆林干旱、少雨、风大，飞播下的种子不是被风吹走就是不能发芽。为了摸索适宜的飞播时期，科研人员从5月开始，每10天飞播一次，一直播到9月。经过观察，他们终于摸透了老天爷的脾气：每年5月中下旬风比较小，风后常有小雨，飞播后微微的东南风常将种子覆盖上一层沙，再下一场小雨，种子就容易发芽。

一种叫作大皱鳃金龟子的害虫是陕北沙区植物的大敌，飞播长出的苗木常遭它们的侵害。榆林地区治沙所屈秋耘等科研人员发现，固沙植物紫穗槐含有杀死金龟子的成分，金龟子吃紫穗槐的叶子，8～15分钟就一命呜呼了。他们在飞播地区成带状巧栽紫穗槐，从此，金龟子再不能肆意妄为了。

陕西省治沙研究所从1974年开始试验，到1978年基本掌握技术，他们在实践中找到了制约飞播成效的物候、气候规律，推出了12项关键技术措施。飞播治沙1982年获得成功，从1983年开始大面积推广应用。他们在榆林沙区累计完成飞播治沙60万公顷，并向内蒙古、宁夏、甘肃等省份推广超过1000万公顷，达到世界领先水平，在国内外都产生了巨大的影响。按有效面积计算，飞播造林每亩投资仅4元左右，成为效率最高的沙漠治理方式。后来，国家在榆林建立了我国第一个沙漠飞播造林示范区，光在榆林沙区就推广600多万亩，并辐射到内蒙古、宁夏、甘肃等地。该技术1978年获得全国科学技术大奖，1980年开始大面积推广，胡耀邦、江泽民等中央领导曾多次亲临视察，给予很高的评价。

治沙说起来很大，但涉及每个家庭、每个人，又特别具体。殷玉珍的故事虽然与本书并无直接关系，但犹豫再三，笔者还是选择保留下来，希望读者能够换一个角度，来了解周心澄当年的生存环境。实践一再证明，如果没有老百姓积极参与，仅仅依靠政府号召、技术支持，要想完成沙漠治理这样浩大的工程，完全是不可想象的。

不知道陕北女人的名字是不是特别喜欢用“珍”字，路遥小说《人生》中那个让人心疼的姑娘就叫“巧珍”。殷玉珍的故事和刘巧珍的故事，都是陕北女人与命运抗争的故事。1985年，殷玉珍被父亲敲定了婚姻，并被送去长年风沙漫天、人迹罕至的毛乌素沙漠。出嫁之后，她曾怨恨命运不公，痛诉父亲的铁石心肠，多次要逃离沙漠，却在丈夫的痛哭声中软下心肠。接受不代表屈服，而是抗争的开始，她当时就暗下决定，自己一定要改变，要在沙漠中建出绿色家园。决心留下来之后，殷玉珍心里有了主意，她要种树，要改变自己的生活环境。说干就干，她和丈夫商量之后，卖了家里唯一值钱的羊换回了600棵树苗，他们一步一步背回来，一棵一棵亲手种上。纵然辛苦，但有绿色就有希望，看着刚栽好的600棵树苗，她松了一口气。她的生活逐渐有了盼头，每天不是浇水就是盯着这些树苗，日子就这样一天天地过去，然天总是不遂人愿，春去秋来，风沙肆虐，成活的树苗所剩无几。“宁肯种树累死，也不叫沙欺负死”，一句再朴实不过的话却成为15年后沙漠变绿洲的基础。从那以后，她和丈夫的心里便有了两件事：一是筹钱买树苗，二是保证树的成活率。慢慢地，殷玉珍看到了一些效果，树苗成活得越来越多，防护林小有起色。寒来暑往，殷玉珍就这样在沙漠中度过了一年又一年，曾经的不毛之地被染上了一层层绿色，越来越多的人知道了她的绿色家园，政府、商客也都一波波赶来，为她提供更多的机会。15年后，当人们再次进入沙漠腹地，杨树、侧柏、樟子松、云杉、沙柳等随处可见，甚至还多了三条大路。2000年，殷玉珍成为全国治沙标兵，两年之后获得“中国十大女杰”的称号。

有熟悉这一历史的老人说，“几十年来，最令人感动和难忘的就是那些出入沙漠的人，他们的愿望就是为了林木逼退沙漠，与功名、金钱无关。”

榆林治沙还有一个因素不能不说，就是由于国家对榆林地区“羊煤土气”的大力开发，使当地的GDP以每年20%的增幅飞速发展，财力的快速增长也为沙漠治理提供了强大的资金支持，此处不再细说。

初捷

有权威资料显示，自中华人民共和国成立以后，榆林人在沙漠里累计造林种草的面积，几乎等于中国每年沙漠化面积的一半，基本实现了林成网、田成方，生态环境显著改善，逆转了“沙进人退” 局面，实现了“人进沙退”的良性循环，国内外专家对这一成果的共同评价是“处于世界领先地位”。

周心澄离开榆林时的20世纪80年代与20世纪50年代相比，榆林的防护林体系已经初步形成，万亩以上的成片固沙林已经建成59块，受风沙

治沙试验初期在沙丘背风坡栽植的沙柳林

危害的14个乡镇、222个行政村、40万亩农田基本实现林网化，粮食平均增产20%以上。据测算，榆林的沙暴日数平均减少一半，沙丘高度平均降低三分之一，沙丘移动速度由过去的每年四五米降低到1米左右，无定河及其支流的输沙量较20世纪70年代减少了一半多，干旱、冰雹、霜冻危害明显减轻。

作为榆林防沙治沙方面的领军人物之一，经过14年的努力，周心澄的研究项目先后荣获陕西省科技进步奖一等奖、国家科技进步奖三等奖，并以项目第一主持人的身份代表陕西参加了1986年的“全国科技奖励大会”。

会后，他写了一首《念奴娇·1985年夏，获首届“国家科技进步奖”有感》以记之：

都城学子，躬耕毛乌素，恍如虚幻。镇北雄关烽火灭，边戍烟墩残断。大漠惊涛，西风热浪，自此常相伴。汗洒热土，润泽花艳枝蔓。

意外获奖酣然，苍天望眼，列阵云端雁。春暑秋寒何所惧，振翅飞临彼岸。瀚海流荒，轻舟征远，了却心中愿。山河襟带，畅吟青碧无限。

在地下水位较高滩地栽植小叶杨林分

1981年秋拍摄治沙试验站乔、灌植被恢复景观

在沙地圈层实现灌、草植被恢复景观

从1969年年初分配到毛乌素沙漠“当农民”以来，他主要从事沙漠治理及其研究工作。光阴荏苒，所有付出终得回报。

1981年夏，他被榆林行署评定为工程师，视为“破格晋升”，当时的《榆林报》还专门报道了这件事。当时，榆林地区林业局局长李文丁曾数次前往评委会介绍他的情况，言辞恳切，内容翔实。职称评定后很长时间，周心澄才从侧面知道了这些细节。当时的领导干部多有朴实、

丘间地圈层“沙、水、田、林、路”综合治理景观

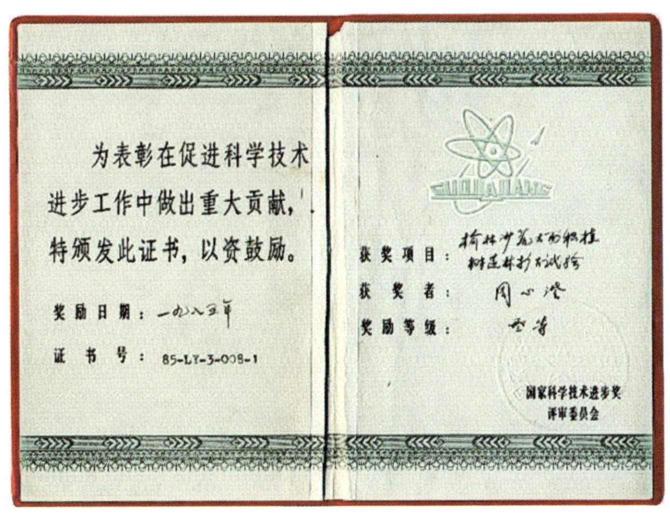

为表彰在促进科学技术进步工作中做出重大贡献，特颁发此证书，以资鼓励。

奖励日期：一九八五年

证书号：85-LY-3-008-1

获奖项目：榆林沙荒大面积植树造林新技术试验

获奖者：周心澄

奖励等级：三等

国家科学技术进步奖
评审委员会

国家科技进步奖证书

务实的作风，今天看起来十分难能可贵。

1982年8月，他获得陕西省科学技术研究成果一等奖，12月又获得林业部林业科学技术研究成果三等奖。

在榆林工作的14年，周心澄奠定了自己的事业基础，确定了自己的人生方向，并在这里成家立业，这一切让他终生难忘。

第二章

从榆林到杨陵

城池当陇右，山水是关中。

——〔唐〕许棠

〔旱柳 VS 教学〕

旱柳别名立柳、直柳，属落叶乔木，可生长到18米，胸径可达80厘米左右。喜光，耐寒，根系生长发达，有很强的抗风能力，喜湿润但排水良好的沙壤土，萌芽力强，生长快，寿命长达400年以上。在陕西北部和内蒙古南部生长的旱柳也被称为砍头柳或毛头柳，因为它们即使被砍去头部，只留下上部的丛状枝条，仍能迎天而上，不屈不挠，顽强地与大自然进行抗争。如今的榆林，随处可见由旱柳围成的农田林网，那是人类与大自然斗争的成果。

这一时期的周心澄，颇像旱柳。他厚积薄发，将多年积累的知识和经验变成了理论体系，创建了全国高校第一个沙漠治理专业，其才华在这个特殊的舞台上大放光彩。

转折

20世纪80年代初，欣逢国家改革开放，当年“劳改队”的同事“天高任鸟飞，海阔凭鱼跃”，一个一个先后离开了榆林，一种孤单的感觉不知不觉袭上心头，周心澄也因此动了换换环境、换换工作的心思。

据说B型血的人爱好广泛、兴趣多变、情感充盈，他就是这样一个人。

但是，由于他是工程师，而且是破格晋升的工程师，在榆林算是稀缺人才，离开必须经过榆林地区行署批准，更何况推荐他当副县长的文件已经上报。为此，他曾数次前去榆林县委书记石海源家，一再表示自己淡泊名利之心，均无果。

此外，由于他刚刚获得省部级科技奖，这在榆林县尚属首次，更增加了离开的难度。

还有，离开后究竟去哪儿当时也没有明确目标，只是离开的愿望非常强烈。他本来就不属于这里，只是生活的旋涡将他冲到了这里。现在机会来了，他渴望到更理想的环境中去生活和工作。他非常清楚，一旦副县长的任命落实，调离将成为不可能。因此，他几乎用尽一切时间和办法，奔波于调离一事之中。

1983年春，李连捷先生得知他的想法，曾大力向当时的北京农业大学（也即后来的中国农业大学）举荐；李滨生副教授、齐宗庆场长曾带他去过北京林学院西山教学林场考察，并向学校提议由他来接任场长，但当时的学校领导知道他的“历史问题”后，都不敢表态；当时北京林学院的副院长贺庆棠教授曾亲笔写信给他的博士生、河南省泡桐研究所的所长，希望能接收周心澄去那里工作；陈国干、孙吉定两位同学曾帮忙联系河北省林科所，对方同意他一家人都过去，商调函都已经发了。

考虑到携家带口，他先是决定去河北省林科所，于是住在陈国干家等候调令。得知榆林方面已经放行周心澄的消息后，李广毅先生专程前往北京，找到周心澄的父亲，把周心澄从石家庄唤回。李广毅与周心澄在北海公园探讨两日，力劝他去西北林学院任教，其中最打动他的一句话是“在高校当老师最大的优势是相对自由”，这正合他的心意，于是中途改去了杨陵——后稷教稼之地。

1937年，李广毅先生出生于陕西蓝田。1959年从西北农学院林学系毕业，被分配到榆林县工作。他先是在鱼河堡农场、鱼河堡林场工作，后调入榆林县林业工作站。1979年调入刚刚从西北农学院分立出来的西北林学院，1988年任西北林学院副院长，1993年任西北林学院院长，2003年退休。在榆林工作期间，李先生与周心澄就是挚友，周心澄人生道路上的两次重大转折都与他有关。写作本书时，笔者专程到其家中采访了已经年逾八旬的李广毅先生。

据了解，李先生的胞兄李广武是台湾农机协会的会长，两人均为农业科技界的泰斗级人物。作为曾经的全国政协委员、西北林学院院长，他将在美国继承的遗产全部捐出，自己的家却简朴到了令人难以置信的程度。回望80多年跌宕起伏的人生，尽管儿女、亲友对他多有埋怨，但坦荡而刚毅的老先生却给了自己八个字：无私无畏，无怨无悔！他十分淡定地说：“无私才能无畏，人一生任何时候都要立得直！”

云山苍苍，江水泱泱。先生之风，山高水长！

作为周心澄人生当中至关重要的老同行、老领导、老朋友，他给了周心澄八个字的评价：“智者，仁者，乃吾师也！”看到这八个字，犹

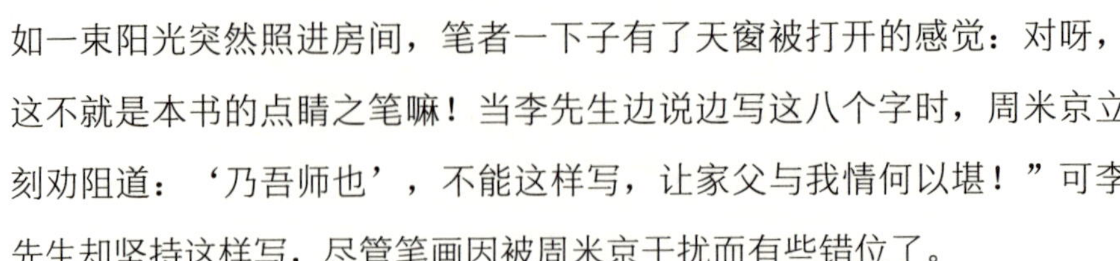

如一束阳光突然照进房间，笔者一下子有了天窗被打开的感觉：对呀，这不就是本书的点睛之笔嘛！当李先生边说边写这八个字时，周米京立刻劝阻道：‘乃吾师也’，不能这样写，让家父与我情何以堪！”可李先生却坚持这样写，尽管笔画因被周米京干扰而有些错位了。

孔子在《论语·雍也篇》中说道：“知者乐水，仁者乐山；知者动，仁者静；知者乐，仁者寿。”意思是说，智慧的人喜爱水，仁义的人喜爱山；智慧的人懂得变通，仁义的人心境平和；智慧的人快乐，仁义的人长寿。另一种解释为：智者之乐就像流水一样，阅尽世间万物，悠然、淡泊；仁者之乐就像大山一样，岿然矗立，崇高、安宁。我觉得，两种解释都通。在《论语·子罕篇》中，孔子还说道：“知者不惑，仁者不忧，勇者不惧。”意思是说，有智慧的人不会疑惑，有仁德的人不会忧愁，勇敢的人不会畏惧。智、仁、勇是君子的重要品质，当然也是饱读诗书的周心澄的追求。

提起李先生，周心澄说：“我之一生，颇有点生性放旷的味道，虽然从来没有批评过人，更不用说整人了，但走到哪里，总是异议不断，如‘特立独行’‘不务正业’‘自由散漫’，等等。然而，命运多舛而顺遂，一是一切异议均作耳边风，二是所有任务均圆满完成，三是多得各地领导信任。广毅几十年关照于我，在我心中从未把他当领导，只以兄长呼之。”

在西北林学院时，两人住上下楼，历经磨难的两人，虽不是兄弟，但情感胜似兄弟。周心澄离开杨陵时，也得到了李先生的帮助。没有深厚的友谊打底，这种请进来又送出去的事情很难被外人所理解。

话又说远了，让我们言归正传。经过难以言述的努力，周心澄终于调离榆林，赴西北林学院任教。

1983年5月18日，调动手续终于办好了。就要离开这个生活工作了14年的地方，这是他职业生涯的第一站，在这里他有了自己的家，有了自己的事业，此时此刻，周心澄感慨万千。他因此写下了《念奴娇·1983

年5月18日，调动手续办好次日离榆携全家赴西安》：

塞墙渐远，涌别绪，且把植栽留住。撒种当年，家业立，萌蘖十年见树。正午名州，黄陵晚照，泾水悄然渡。携妻挈子，鼓楼灯下信步。

杨柳花絮纷飞，候鸟迁南北，安宅鸿路。后稷教稼，雕像在，礼拜求得关顾。渭水丰腴，兼关中土沃，赋秦霸主。东风可借，勇葆柴桑稳固。

1984年在西北林学院全家合影

离开时，榆林县林业局派卡车托运行李，他则携妻子儿女乘长途汽车赴任。三日后，他们一家抵达西安，住在鼓楼附近的宾馆。华灯初上，人流如织，儿女们心情十分欢愉。次日，他们乘火车抵达杨陵（1997年，杨陵改称杨凌，下辖杨陵区。为了避免混淆，文内统一称为杨陵）。赴西北林学院报到时，学院已经为他准备好了一套小三居，有独立的卫生间、盥洗室。年届不惑，首次得以住进套房，这让他感到，崭新的生活真的就要开始了！

教学

1983年5月20日，周心澄正式到西北林学院报到。6月5日，彭尔宁院长即带他对西北五省（区）的林业教育工作做了一次深入调查，目的是为国家“早出人才、多出人才”。

从6月5日至7月17日，他们用了整整42天，走访了26个林业科学研究所、林业勘测设计院、大专院校和部分州县及所属单位，召开了24次座谈会。

通过这次调查，他们大体上摸清了西北五省（区）林业科技干部的情况，回来后撰写的《西北地区高等林业教育考察报告》后来发表于《中国林业教育》1984年01期上。报告最后的六条建议，凝聚着他们这次调查的心血，也为他从一个偏于实务的治沙站站长转变为一名视野开阔的高校老师打下了基础。

为了便于读者了解当时林业教育的状况，我照录了这份报告的建议部分：

1. 建议林业部加速西北林学院的建设，使其成为西北地区林业教育和科研的中心。现有地方院校要充分挖掘潜力，增加招生名额。地方院校以培养结合本省（区）自然特点的林业专业人才为主。西北林学院要尽快设置林经、木工、林机、林化、园林、经济林等专业，大力发展林业、防护林专业，包括治沙、森保专业。

2. 为了提高教学质量，必须在高等林业学校培养一支良好的教师队伍，要舍得花时间、花工本；要加强与国外林教界的联系工作；对教师招聘制应请有关部门做出具体规定。

3. 对现有教材，特别是专业课教材，要广泛收集西北地区林业科研资料，引入最新科研成果，逐步编出一套能反映西北地区林业特点的教材。对基础课和专业基础课的教材也要大力进行改革 。

4. 要调整在校学生各层次的比例，加速培养两年制大专人才。为了满足西北地区科研、教育部门对专业性强的科教人才的需要，建议对需求面大的重点专业，专门成立“科教班”，定向培养，定向分配。

5. 为了提高毕业生的独立工作能力和发挥他们的创造精神，必须采取教学、科研和生产、推广相结合的方法；必修课和选修课、课堂教学和教学实习、基础理论和应用科学的安排应适当；学生在校期间，应指导和安排他们进行林业方面的社会调查，了解林业方针政策，参加必要的专业性劳动。

6. 为了使林区和农村有实践经验的生产骨干招入高等林业院校，毕业后留在基层，无论本科生还是大专生，都应向县或县级单位定向招生。对他们的文化基础要求可适当降低，对他们的年龄、学历及婚否也应适当放宽。

7. 为了提高西北地区广大林业职工的林业科技水平，建议西北林学院举办函授教育，同时尽可能挖掘潜力举办专题性短训班。对自学成才的职工应该承认学历，发给单科、大专、本科毕业文凭。

8. 为了稳定并扩大边远地区现有的林业科技队伍，必须从人事、工资、福利等方面根据西北特点拟定政策。要妥善解决科技干部子女的上学就业问题，以消除他们的后顾之忧。

调查期间，在彭尔宁院长支持下，他还考察了青海湖、新疆天池、甘肃黄河、宁夏中卫等自然生态环境。

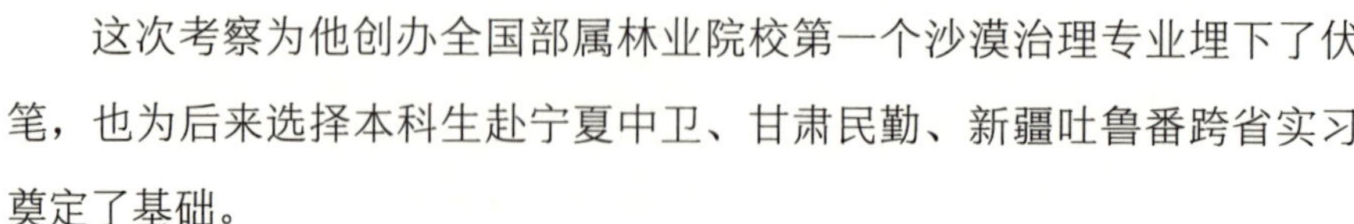

这次考察为他创办全国部属林业院校第一个沙漠治理专业埋下了伏笔，也为后来选择本科生赴宁夏中卫、甘肃民勤、新疆吐鲁番跨省实习奠定了基础。

在青海湖鸟岛，看到雌雄候鸟尽心饲幼，一旦雏鸟长大，必令其起飞，并带其强翅，以备迁徙，他立即联想到怎样教育学生、培养后代上。每种生物能够长存于世，父母无不“育雏独立”。他认为，人类作为高等生物更应如此。受此启发，他对儿女的要求是“独立、进取”，对学生的要求则是“自强、远望”。

青海湖鸬鹚岛

见带雏强翅飞鸟有感而发

为此，他曾赋诗《七律·1983年夏赴青海湖鸟岛》：

碧海苍穹半岛洲，激声动地鸟啁啾。
营巢育卵雌恩逾，觅食巡防雄壮猷。
鸥雁云天翻水影，鸬鹚岩屿守金瓯。
带雏强翅凭思虑，迁徙避寒有远谋。

他的教学理念确有“出格”之处，对青年教师的要求也常令人“意外”，以下是他亲笔总结的“出格”和“意外”之处，十分珍贵，笔者刻意照录于后：

1. 我讲课绝不照本宣科，从教几十年，没有一页讲稿或教案。没有教案绝不是不备课，可能备课下的工夫更大。有学生说：“我从没见过上课仅仅手拿一张小卡片的老师。”在讲授《沙漠学》《自然地理学》

《景观生态学》等课程时，我还会加入美学、历史、文学等社会科学元素。课程一律开卷考试，有学生说："您的开卷考试比闭卷考试还难，没有几天工夫是完不成的。"

2. 我要求学生扩展思维，不局限于所讲的课程，并一再强调"沙漠治理专业必须有跨学科理念"。课程实习，我要求不仅要实践自然科学，还要结合社会科学来进行。在吐鲁番实习《治沙学》时，我特意安排一组学生进行社会调查，之后再与其他组进行轮换。当时有学生不理解，工作之后才觉得受益匪浅。

3. 我带学生实习期间，为了启发学生的思维，常会安排青年教师和实习学生去考察附近的名胜古迹，所有名胜古迹的兴衰无不是生态环境变化与人为因素影响的结果。在新疆实习时大家去了高昌故城，在榆林实习时大家去了神木笔架山，在中卫实习时大家跨越了黄河，等等。教学实习一般在暑假之初，除了任课老师，我还鼓励青年教师一起"行万里路"，一门课的实习常有八九位老师随行。在跨学科、智能化时代，我还利用业余时间，为部分学有余力的学生开办了"计算机图形图像处理"等课程，以增强他们的跨专业能力。

4. 除了给学生作野外考察报告，我还经常邀请专家朋友来校做学术报告，如中科院沙漠所赵兴梁研究员、俄罗斯沃罗涅什林业技术学院沙达洛夫教授等，借以拓宽学生的视野。

5. 我绝不讲究什么"师道尊严"，鼓励学生独立思考，并与学生平

榆林实习期间带青年教师考察红石峡

实习期间带青年教师考察神木笔架山

等讨论问题。在我面前，学生可以争论，也可以提出不同观点，即所谓“名师指路，不如自己去悟”。

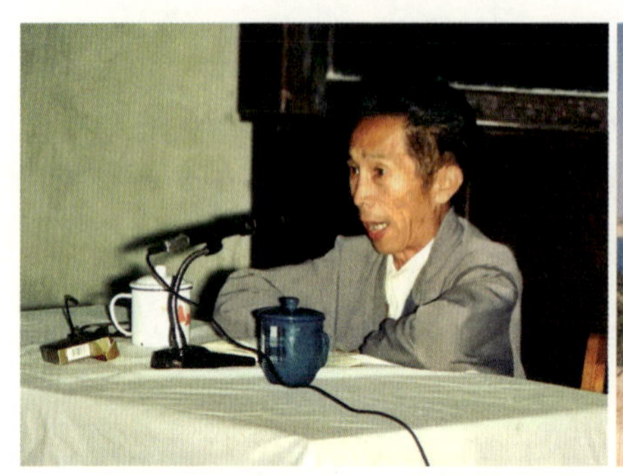

中科院沙漠研究所赵兴梁研究员做学术报告

邀请俄罗斯沙达洛夫教授回访并做学术报告

下面几首词，是他带领学生实习时填写的，笔者特意放在这里，留作一段美好的记忆：

《临江仙·1984年秋，指导81级学生实习重返榆林》：

白水远流天际，秋来万里澄清。青春学子更琼莹。蝶裙翎羽展，弱冠比鲲鹏。

晨起踏沙汗雨，秉灯披卷神凝。星光波影舞荷风。西疆疏勒乐，南国紫竹声。

《踏莎行·1985年秋，带学生赴吐鲁番实习有感“自然”二字》：

火焰湖盆，圃田仙境，绿洲灌水坎儿井。天山总有雪冰

1989级新疆班在宁夏中卫沙漠实习合影

1984 级防护林专业在榆林镇北台合影

融，溯源仍要超前挺。

高耸珠峰，暖流遇冷，否则变换谁能定。自然成链尚朦胧，一环扰动需心静。

《临江仙·1989年夏，带学生宁夏中卫沙坡头实习》：

北望流沙翻浪，回头黄水横澜。羊皮筏子弄涛颠。青畴嵌旷野，花色暗香传。

清咏长河落日，高吟大漠孤烟。今来点绿壮江山。闻鸡当起舞，且莫负英年。

《临江仙·1993年夏，实习重返榆林红石峡，肖智、超英、会科、智德等随行》：

刻壁岩崖依旧，华夷天堑雄风。人非物是眼迷蒙。残墙留鬓影，尘迹转头空。

遥念当年烟舍，流沙神会心融。撒汗春柳又秋枫。箕裘承祖泽，羽翼展飞鸿。

起飞

如果说，在榆林的研究工作就像他的事业在跑道上滑行的话，到了杨陵，时年39岁的他，事业便处于起飞阶段，一路往上冲，快得连他自己都感到有点头晕目眩。

杨陵，因隋文帝杨坚的陵墓泰陵而得名。这里号称"中国农科城"，是全国独一无二的以农业科研教学示范为主导的城市，农林水牧科研院所云集。平时走在大街上，每四个人中，就有三个是农业科研教学人员或农业院校的学生。

写到这里，我有必要交代一下西北林学院的历史沿革。

1931年，"九一八"事变爆发，东北沦陷，整个国家战事频繁，社会动荡，百业凋敝。1932年，国民政府委派出生于陕西三原的监察院院长于右任回陕赈灾。由于连年灾害，农事日废，民生日困，于右任于是大声疾呼：开发西北，兴农兴学。

关中自古富庶，秦汉时竹林遍布，可生柑橘，是历史上最早被称为"天府之国"的地方，《战国策》称其"田肥美，民殷富……沃野千里，蓄积饶多，地势形便，此所谓天府，天下之雄国也"，是炎黄二帝的发祥地，曾造就了强秦、大汉、盛唐等一个个璀璨的时代。但在唐之后则盛极而衰，战乱、灾荒、瘟疫频繁，加上气候变化，小麦不灌溉竟

西北农林科技大学

会绝收。1928—1931年，陕西发生了惨烈的旱灾，史称“民国十八年年馑”。1928年春，全省几乎滴雨未降，夏粮绝收，秋粮下种不能发芽。当时军阀混战，连续征粮，绝大多数农户家中没有存粮，饥荒很快蔓延开来。据史料记载，1928年陕西人口总数为1180万，1931年竟锐减到897万。数百万灾民背井离乡，流离失所，在土地上搜寻草根、树皮、鸟窝甚至老鼠和观音土等一切能填饱肚子的东西。到最后，有些地方连观音土也被吃完了，直至发生了人吃人的惨剧。

在这种情况下，社会秩序、礼仪道德早已崩塌。当时，买卖人口成为公开现象，甚至政府还在其中抽人头交易税。妇女、儿童身插草标，在大街上被贩卖。妇女每人2～3元，儿童价格更低。与之形成鲜明对比的是，小麦每斗价格却升至5～8元。

事实上，受这次年馑影响的不止陕西，当时的甘肃、宁夏、山西、绥远、热河等北方八省都发生了严重的旱灾。据保守估计，饿死的灾民至少在300万人以上，难民数量更高达数千万人。当时23岁的美国小伙子斯诺，在这期间踏上了这片土地，他在绥远第一次看到了人们被活活饿

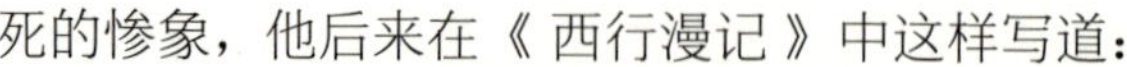

死的惨象，他后来在《西行漫记》中这样写道：

> 你有没有见到过一个人——一个辛勤劳动、“奉公守法”、于人无犯的诚实的好人——有一个多月没有吃饭了？这种景象真是令人惨不忍睹。挂在他身上快要死去的皮肉打着皱褶，你可以一清二楚地看到他身上的每一根骨头；他的眼光茫然无神，他即使是一个20岁的青年，行动起来也像个干瘪的老太婆，一步一迈，走不动路。他早已卖了妻鬻了女，那还算是他的运气。他把什么都已卖了——房上的木梁，身上的衣服，有时甚至卖了最后的一块遮羞布，他在烈日下摇摇晃晃，睾丸软软地挂在那里像干瘪的橄榄核儿，这是最后一个严峻的嘲弄，提醒你他原来曾经是一个人！

这幅人间惨象现在读来仍然让人不寒而栗。于右任看到曾经金城千里变成赤地千里，他在演讲中痛彻心扉地讲道：

> 迟我遗黎有几何，天饕人虐两难过。
> 河声岳色都非昔，老人关门涕泪多。

如何才能持久解决老百姓的吃饭问题，让人民不再遭受如此大难，于右任彻夜难眠。为了改良农业，他将自己的祖宅捐出，又购置了千余亩土地，于1931年创立了斗口试验农场（今西北农林科技大学斗口试验站），研究农耕，繁育良种，以求造福一方。回到南京以后，他又四处奔走呼吁，筹划建校事宜，得到关心西北问题多年的国民政府考试院院长戴传贤等人的大力支持。

1932年10月，南京国民政府终于批准成立了“建设西北专门教育委员会”，后更名为“建设西北农林专科学校筹备委员会”，负责筹建国立西北农林专科学校。筹备委员会后共推于右任为首任校长。经过反复论证，学校将校址选择在“后稷教稼”之地——武功县张家岗。

建校于此共有五大理由：

1.《史记·周本记》记载，4000多年前，中国历史上最早的农官——后稷，曾在此建立了有邰国，并教民稼穑，树艺五谷，这里因此成了我国农业的发祥地，在此建校有继往开来之深远意义。

2. 张家岗一带有头道塬、二道塬、三道塬，代表西北三种不同土质，便于各种作物试验。渭河北岸有草滩，可作牧场；南岸有水田，可种水稻；又临近秦岭，森林草木繁茂，自然资源极其丰富，研究价值巨大。

3. 此地“前挹太白之秀，后负周原之美”，既是隋文帝泰陵所在地，又是唐太宗的出生地，还与横渠张载、绛帐马融、周至李顒、眉县李柏等大儒故里毗邻，人文环境浓厚，有利于青年立志。

4. 陇海铁路从学校附近经过，交通便利。

5. 张家岗附近人情淳朴，治安良好，不受匪徒侵扰。因灾因战致使土地荒芜，村落稀少，对当地人民生活干扰较小，征收成本也比较低。

1934年4月20日，经过于右任等人多年的奔走呼吁，国立西北农林专科学校的教学大楼终于破土动工了，戴传贤及相关政府要员及社会各界来宾共2000余人参加了奠基仪式，典礼台上两侧高悬一副对联：“佳气接终南，百代宏图奠胜基；晴光临渭水，千间广厦育英贤。”同年9月10日，国立西北农林专科学校正式开学，成为西北地区最早的高等农林教育机构。

彼时，华北、东南均为列强所环伺，而西北作为抗日大后方，其战略地位愈发重要。其实，早在13年前，于右任就与后来因“西安事变”而名扬天下的陕西乡党杨虎城商议，希望可以在陕西兴建一座农业高等学府，期许多培养一些农业科技人才，以解决老百姓的吃饭问题。

在筹建过程中，时逢国立劳动大学被查封，其农学院被归并进学校（由于时局动荡，多数校产在移交过程中遭到损毁和遗失）。国立劳动大学农学院院长郭厚庵曾任河南公立农业专门学校（现河南农业大学前身）校长，是留法专家，曾于1933年来筹建中的国立西北农林专科学校工作，西北农学院3号楼及其环道的园林景观即由他设计而成。在职期间，他因劳累过度，不幸猝然病逝，时年44岁，后被埋葬在学校西侧头道塬上，这里后来成了学校的公墓。

到1936年7月，筹委会工作结束，国民政府教育部委任辛树帜为校长。辛树帜上任后为学校招揽了一大批人才，如李仪祉、沙玉清、石声汉、涂治、沈学年、余立基、齐敬鑫、祁开智、王学书、刘慎谔、杨亦周、张德粹、湛克谋、章守玉、王恭睦、盛彤鉴、戈特里布·芬茨尔等，他们在各自的学科领域内造诣深厚，享有很高的学术声望。

“人事有代谢，往来成古今”。一所学校的兴衰，总有其背后复杂的道理，但总的来说，“短期看政策，中期看大师，长期看学子”。这所学校培养出了怎样的人，做出了怎样的事，他们身上的影子汇聚在一起，就是一座抽象的大学，一座不灭的大学。

1937年7月7日，抗日战争爆发，北平、天津相继沦陷，国民政府下令设立西安临时大学。1938年，西北农学院从西安临时大学分立，并与国立西北农林专科学校合并，改称西北农学院。

1979年，西北林学院从西北农学院分立。1983年，周心澄调入西北林学院，当时学院正处于快速成长阶段。

1985年，西北农学院更名为西北农业大学。

1985年，周心澄主持的“榆林沙荒大面积植树造林扩大试验”项目获得国家科技进步奖三等奖，作为陕西的代表，他应邀赴人民大会堂参加全国科技奖励大会，受到党和国家领导人接见。在人民大会堂万人大礼堂，顶棚呈穹窿状，大跨度，无立柱，上面安装有500盏满天星灯，与三环水波式暗灯交相辉映，置身其间，让他有一种莫名的兴奋感。回去之后，他在合影里仔细寻找自己，虽然依稀记得自己的方位，却激动得一时找不到了。

1986年，在晋升副教授的人选之中，他是全学院最年轻的人选之一。其间，年近八旬的李连捷院士亲自书写了推荐函，李广毅院长还带着刊发有“国家科技进步奖”名单的《光明日报》广为传播，均起到了至关重要的作用。因他原来是工程师，很快评上了副教授。

1986年12月8日，在九三学社西林支社主委汪秉全教授多次动员下，他加入了九三学社，后又被任命为副主委。后来他觉得有违初衷，调到北京林业大学后，便未提交调转文件，之后便不了了之。他是一个十分崇尚自由的人，非常担心自己的什么行为影响了他人或组织。

1987年春，他被推选为人大代表，并被任命为杨陵区人大常委会兼职副主任，之后又连选连任了将近三届之久。

1989年夏，他重赴榆林，为完成国家“七五”科研课题做踏查。其间，他每日去时任陕西省榆林地区林业局局长的挚友李文丁家用晚餐，其夫人柴静华总是热情接待。

1991年，他被评为西北林学院优秀教师。

1992年，他作为主持人之一的“毛乌素沙地立地分类评价和适地适树的研究”项目获得陕西省科技进步奖二等奖，该项目于1994年又获得林业部科技进步奖二等奖。

1992年1月11日，“忘年之交”李连捷院士在北京病逝，他悲从心起。

1992年秋，他被评为林业部有突出贡献的中青年专家。

1993年秋，他开始享受政府特殊津贴。

1993年秋，排队月余，缴费5000元，他给老父安装了一部电话。这时，他的社会地位与经济情况已经与从前有了天壤之别。

1994年秋，他晋升为教授。他当时虽然担任学院水土保持系主任，又连续获得多项省部级奖励，并属于林业部有突出贡献的中青年专家，享受政府特殊津贴，但因创办杨陵农村经济开发研究所（属于民办单位），还兼任杨陵区人大常委会副主任，加之生性放旷，自以为晋升难度大，结果由21人组成的陕西省教师职务任职资格评审委员会，最后仍以16票赞成、5票弃权通过。

1995年春，他搬入西北林学院东院三层六户的教授楼，与挚友李广毅院长两家住在楼上楼下。

1995年11月28日，他参加林业部在以色列举办的“旱作农业学习班”，考察一个多月。

1996年3月11日，他赴陕西省科委主持“榆林沙区绿洲建设课题论证会”。

当然，飞机起飞时也会有一些颠簸，这一时期的他也有许多不顺心的事。

1994年3月15日下午4时，他去杨陵区人代会报到，因行前吸烟，烟头引燃纸篓，导致丁烷气爆炸，骑摩托车回家时已经烈焰熊熊，书桌右侧已成焦炭，窗帘化为灰烬荡然无存。有学生跟随上楼协助灭火，虽然扑灭，但许多非常重要的资料却被付之一炬。看着眼前的一切，他却淡然一笑，说道：“旧的不去，新的不来！”

1996年6月30日，他受邀参加林业部科技司“九五”计划会，因中途溜号被通报给学校，学院责令写出说明。他喜欢布衣草民生活，颇为厌烦各种职务、各种会议，但生于尘世，岂能由己？工作以来，奉命任职、兼职不少，虽然经常溜会，但这是他唯一被通报的一次。为此，他还填了一首《临江仙》：

> 笑看专家齐聚，高谈海阔天空。览闻辩见感朦胧。或因才学浅，违意陋身躬。
>
> 夙念鲁连心志，庶民岁月初衷。箪瓢尘世忍虚恭。兼职皆奉命，岂可不相从。

1999年9月11日，西北农业大学、西北林学院、中国科学院水利部水土保持研究所、水利部西北水利科学研究所、陕西省农业科学院、陕西省林业研究所、陕西省中国科学院西北植物研究所等7个教学、科研单位合并，组建为西北农林科技大学。目前，周心澄的儿子周米京仍在这所学校子承父业，在水土保持与荒漠化治理专业当老师。

开眼

1992年，受俄罗斯沃罗涅日林业技术学院副院长沙达洛夫教授邀请，周心澄首次出国考察，途经满洲里，经过将近一周的旅程抵达莫斯科。当晚赴距离莫斯科400多公里的沃罗涅日，票价134卢布，约合人民币7元。当年，俄罗斯的物价相当低。后又考察了圣彼得堡和莫斯科。首次出访俄罗斯，他发现，火车卧铺车厢一如货舱，堆满“倒爷”的货物。正如当时一首歌中所唱的：“新疆的个体下广州，北京的倒爷震欧洲”，这也算是“一个时代的特征”。在莫斯科考察期间，他住在莫斯

与沙达洛夫、久科夫合影于顿河大桥

在圣彼得堡彼得大帝青铜骑士雕像前留影

1992年夏在俄罗斯沃罗涅日林业技术学院做学术报告

科林业技术学院招待所。次日逛戈尔巴特步行街，碰到一位老者在白桦树皮上作画，一副只要700卢布。付出如此多的心血，仅能维持生计，让他感慨良多。之后，又遇到吉卜赛女郎围拢乞讨，这又让他见识了另一种人间世相。当年正是苏联解体、社会变革的初期，他既看到了历史的辉煌、科技的先进、教育的发达，也看到了其轻工业品及食品的匮乏。

1995年11月26日，林业部组织科技人员赴以色列学习，原定从北京

在以色列滴灌苗圃与艾利博士合影

以色列大田电子控制滴灌系统，按作物生长期自动滴入水量和营养元素

出发，先赴苏黎世，却因瑞航飞机延误，被安排住在丽都假日酒店。以他当时的眼界，四星级酒店的价格已经令他目瞪口呆——住宿费每日1000元，晚餐折合人民币153元，早餐折合人民币110元，而他当时的工资仅为556.5元，加上政府特殊津贴100元，总共不过656.5元，仅够六天的早餐，这让他若有所思。以色列1948年建国，中北部为蜿蜒起伏的山脉和高地，南部为内盖夫沙漠，自然资源十分贫乏。以色列的旱作农业发达，科技含量极高，其滴灌设备、品种开发举世闻名，农产品产量高，被称为“欧洲的冬季厨房”。他说：“一个多月的学习、考察真是开阔了眼界，学到不少新技术。”他还为笔者提供了当年基布兹（集体农庄）的录像，展现了当地农民生产生活的状况。

在往返的瑞航飞机上，还发生了一件丢人现眼的事，就是同行者中有多人餐后只交回空盘，居然将餐具留了下来，并连声呼叫“咖啡”，喝完后却连杯子都收藏了起来，而空姐泰然处之，视为常见。邻座居然也是如此，他羞于与之为伍，只得躲进后舱。一个知识分子的清高与孤傲，也由此可见一斑。

关爷

在西北林学院工作期间，高志义先生、王礼先先生、高荣孚先生等都给了他很多帮助，让他一直念念不忘，但要说在这期间交往最多的，还是关君蔚先生。关君蔚院士1917年5月23日出生于辽宁沈阳，年长周心澄27岁，居然也如同李连捷先生一样，与周心澄成为忘年之交。周心澄与关先生无话不谈，无任何忌讳，并一直称其“先生”。有一次，关先生笑曰：“什么先生不先生，你就像我的儿子！”

关先生思维活跃，兴趣广泛，襟怀坦荡，作风务实，对他的事业影响颇大。

关先生是满族人，乃正黄旗后代，痴迷于蝈蝈，自己繁育，常随身藏于袖中，听其鸣唪。他的身上总是藏有一种平常人怎么也学不会的“贵族”气息，在一群人中，总能与众不同。

关先生是中国水土保持界第一个院士，也是中国第一个提出“水土保持”概念的人。在他之前，相关工作叫做“森林改良”。

关先生的办公室里总是堆满各种仪器设备，数十载文献档案堆积如山，而待客仅一椅一凳而已，且烟瘾极大，吸烟又必掐掉过滤嘴。周心澄担任水土保持学院院长期间，曾专门拨款为关先生装修了老旧的办公室，装修之后前去查看，那些老旧家具竟未更新一件，几十年发黄的案卷、上万张照片及百部视频文件依旧保留。他说："这就是我的足迹。"受其影响，周心澄回家后，也开始扫描自1975年以后的黑白照片及视频文件，本书黑白照片均为那时候的留存。

1986年夏，他与关先生一起考察了"三北防护林"和毛乌素沙漠，并一起探讨摄像、摄影及其计算机处理技术，甚至还一起探讨蝈蝈的饲养和繁殖等问题。这是对他影响最大的一次考察，考察时关先生使用刚刚从日本进口的黑白磁带摄像机，他随后也购置了一台，并从此开始摄像。在关先生那里，他学到了很多东西，印象最深的就是第一次知道了"白平衡"的概念，就是不管在任何光源下，都能将白色物体还原。

1990年6月，周心澄（左一）第一个硕士毕业生论文答辩会现场
（左二为关君蔚先生）

1990年，周心澄的第一个硕士生毕业，周心澄请关先生主持答辩会，年逾古稀的老先生慨然允诺。一位学界泰斗，不远千里前来主持一位硕士生的答辩会，在国内实属罕见。

1995年秋，应邀参加"三北地区农田防护林建设现场经验交流会"时，他们又在专家组重逢了，一首《临江仙·赠关先生》是这样写的：

重遇连珠姿语，胸情耄耋之年。独身千里越关山。精神如壮齿，志略展苍颜。

感念逐时扶助，温风萦绕心田。交流会上致金言。远瞻惊四座，豪笔写新篇。

之后，当他们在榆林召开的中国治沙暨沙产业学会年会上再次相逢时，关先生已经贵为院士了。虽然年逾古稀，但他发现，关先生仍然对摄影、摄像、电脑、软件、学科前沿有着超前意识，令人钦慕。

他与关先生之间还有几件趣事，值得在此一提：

就在榆林那次年会上，宾馆通知第二天停水。晚上，周心澄找了两个脸盆，盛满水，告知关先生第二天早上用。结果次日考察归来，两盆水丝毫未动，他问："您起来不洗漱啊？"关先生答道："常态，常态。"

2004年1月2日是大年初一，周心澄正在地坛赶庙会，突然接到关先生电话："到我办公室来，马上！"他答："您知道今天什么日子吗？我正在地坛赶庙会。"关先生"哦哦"两声，随之放下电话。人们常说，关先生办公室即是家，一点也不假。

1992年，中国的改革开放如火如荼，周心澄在北京和平门开办了一个"人天公司"。有一天，他竟在琉璃厂碰到了关先生，便邀他到附近的全聚德烤鸭店用晚餐。闲聊中，才知道关先生也开办了一个"绿叶公司"（或许是其子开办的）。知己相逢，竟聊至饭店打烊。不过，因时间、精力有限，两个公司最终都不了了之。

从周心澄与李连捷院士、关君蔚院士的友谊中，我们亦可窥见其价值观：他的骨子里究竟欣赏什么、向往什么，其实都已经隐藏其间了。

1986年，周心澄创办了陕西省第一个民办科研机构——杨陵农村经济开发研究所，并编辑发行《农村经济开发报》，凡是农村人不懂的东西都往上登，很受欢迎。他的“破格”之举引起种种议论，好在上级领导未置可否。

这正是他与一般知识分子的分野之处。

在杨陵农村经济开发研究所的成功案例中，最有趣的是向北京市土产进出口公司转让“杜仲叶茶制作技术”。

1992年年底，他在北京市和平门附近的宣武区小沙土园12号（此处有自家一间小屋）注册了一家公司——北京人天商贸有限公司，杜仲叶茶转让就是以这家公司的名义进行的。

1993年10月初，北京展览馆举办“全国新技术新产品贸

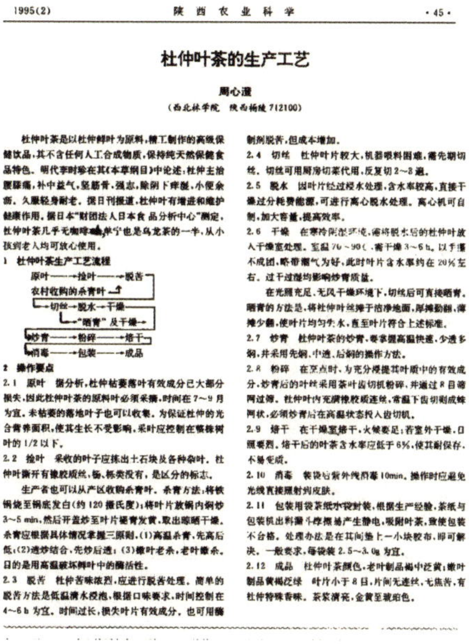

1995(2) 陕西农业科学 ·45·

杜仲叶茶的生产工艺

周心澄

（西北林学院 陕西杨陵 712100）

杜仲叶茶是以杜仲鲜叶为原料，精工制作的高级保健饮品，其不含任何人工合成物质，保持纯天然保健食品特色。明代李时珍在其《本草纲目》中论述：杜仲主治腰膝痛，补中益气，坚筋骨，强志，除阴下痒湿，小便余沥。久服轻身耐老。据日刊报道，杜仲叶有增进和维护健康作用。据日本“财团法人日本食品分析中心”测定，杜仲叶茶几乎无咖啡碱，单宁也是乌龙茶的一半，从小孩到老人均可放心使用。

1 杜仲叶茶生产工艺流程

原叶→拣叶→脱苦
农村收购的杀青叶
→切丝→脱水→干燥
→“晒青”及干燥→
→炒青→粉碎→焙干
→消毒→包装→成品

2 操作要点

2.1 原叶 据分析，杜仲枯萎落叶有效成分已大部分损失，因此杜仲叶茶的原料叶必须采摘，时间在7～9月为宜。未枯萎的落地叶子也可以收集。为保证杜仲的光合营养面积，使其生长不受影响，采叶应控制在整株树叶的1/2以下。

2.2 拣叶 采收的叶子应拣出土石块及各种杂叶。杜仲叶撕开有橡胶质丝，杨、栎类没有，是区分的标志。

生产者也可以从产区收购杀青叶。杀青方法：将铁锅烧至锅底发白（约120摄氏度）；将叶片放锅内焖炒3～5 min，然后开盖炒至叶片褪青发黄，取出晾晒干燥。杀青应根据具体情况掌握三原则，(1)高温杀青，先高后低；(2)透炒结合，先炒后透；(3)嫩叶老杀，老叶嫩杀。目的是用高温破坏鲜叶中的酶活性。

2.3 脱苦 杜仲苦味浓烈，应进行脱苦处理。简单的脱苦方法是低温清水浸泡，根据口味要求，时间控制在4～6 h为宜。时间过长，损失叶片有效成分。也可用酶制剂脱苦，但成本增加。

2.4 切丝 杜仲叶片较大，机器喂料困难，需先期切丝。切丝可用厨房切菜代用，反复切2～3遍。

2.5 脱水 因叶片经过浸水处理，含水率较高，直接干燥过分耗费能源，可进行离心脱水处理。离心机可自制，加大容量，提高效率。

2.6 干燥 在寒冷阴湿环境，需将脱水后的杜仲叶放入干燥室处理。室温70～90℃，需干燥3～6 h。以手握不成团，略带潮气为好，此时叶片含水率约在20%左右。过干过湿均影响炒青质量。

在光照充足、无风干燥环境下，切丝后可直接晒青。晒青的方法是，将杜仲叶丝摊于洁净地面，厚摊勤翻，薄摊少翻，使叶片均匀失水，直至叶片符合上述标准。

2.7 炒青 杜仲叶茶的炒青，要掌握高温快速，少透多焖，并采用先焖、中透、后焖的操作方法。

2.8 粉碎 在烹点时，为充分浸提其叶质中的有效成分，炒青后的叶丝采用茶叶齿切机粉碎，并通过8目筛网过筛。杜仲叶内充满橡胶质连丝，常温下齿切则成蜂网状，必须炒青后在高温状态投入齿切机。

2.9 焙干 在干燥室焙干，火候要足；若室外干燥，日照要烈。焙干后的叶茶含水率应低于6%，使其耐保存，不易变质。

2.10 消毒 装袋后紫外线消毒10min。操作时应避免光线直接照射到皮肤。

2.11 包装用袋茶纸小袋封装，根据生产经验，茶纸与包装机出料漏斗摩擦易产生静电，吸附叶茶，致使包装不合格。处理办法是在其间垫上一小块胶布，即可解决。一般要求，每袋装2.5～3.0g为宜。

2.12 成品 杜仲叶茶颜色，老叶制品褐中泛黄；嫩叶制品黄褐泛绿 叶片小于8目，片间无连丝，无焦苦，有杜仲特殊香味。茶浆清亮，金黄至琥珀色。

杜仲叶茶的生产工艺

易洽谈会”，他设展位宣传杜仲茶新产品，北京市土产进出口公司的张崇友经理邀他去公司面谈，对方已与日本方面签订了杜仲茶出口合同。对方原以为只要把杜仲叶晒干、粉碎、包装就成了，谁知粉碎机把叶子打成了“棉花团”，而且茶汤十分苦涩。眼看供货日期将至，当时厂里的杜仲叶堆积如山，张崇友经理焦急地对他说：“要多少技术转让费，由你说！”

1993年12月16日，周心澄通过北京林业大学图书馆高荣孚馆长借阅到了《茶经》等参考书。当时，周心澄任西北林学院图书馆馆长，两人曾参加“部属林业院校图书馆工作会议”相识相知，所以得到高荣孚的大力支持。1994年大年初四，他邀请西北林学院森工系的吴萌老师随行，共同去解决问题。张崇友经理与京西蜜饯厂厂长杨秀海前来接站，之后直接把他们送至京西蜜饯厂。他们参考福建乌龙茶的制作工艺修改了生产线，先后解决了两个关键问题，一个是脱掉了杜仲叶片中的苦味，一个是解决了杜仲叶片的胶丝黏连问题， 从原叶、捡叶、脱苦、晒青、干燥、炒青、粉碎、焙干、消毒、包装、成品，他为之制定了一套完整的工艺流程。

经过将近半个月的努力，他们终于圆满完成了合同规定的任务，为公司挽回了几千万元的损失，他的研究所也因此得到了丰厚的回报。张崇友经理说：“你回去也可以自己生产，我替你出口。”周心澄归来又面临繁重的科研、教学任务，何况钱已够用，便将此技术撰写成文《杜仲叶茶制造工艺》公开发表于《陕西农业科学》1995年第2期，至今网上仍可查到，他希望助力有兴趣者以此技术致富。

周心澄既是知识分子，又不同于一般的知识分子。他从不回避金钱的重要性，但又不以金钱为目的。他说：“我需要钱，但我又看淡钱，一个人要那么多钱都是累赘，儿女自立了，也不靠我。因此，凡是聚餐，甚至儿女给我过生日，我均不允许别人付款。我虽然连续十年设立了‘水保学院丽景奖学金’，但却不允许提到我。”

在利益面前，他拿得起、放得下。很多事情看似吃亏了，但拉长时间看，反倒得益了，这就是辩证法的力量。他需要金钱作为工具去拓展生活的自由度，但又不会被其左右，这正是他的过人之处。

他之所以这样做，源于他在榆林县治沙试验站工作期间，时常要为报销一点差旅费而难为上级和自己，他极不愿意让一点点金钱而困扰自己。

他给学生做报告时，常常不拿讲稿，却既幽默，又能把道理讲得很透彻。他做报告时，不但室内座无虚席，常常连窗口都挤满了人。有学生说，“跟着周老师，我慢慢学会了辩证地看问题。”

一位熟悉周心澄的同事说：“周老师写过电影，写过小说，画过油画，爱好摄影，爱好游泳，喜欢骑摩托车。本职工作应该是一个科学家，却以艺术家的形象出现在众人面前。他喜欢留一个大背头，穿一身皮夹克，蓄着大胡子，当时在西北林学院是一个知名度很高的人物。”

另一位熟悉周心澄的同事说：“周老师是一个不管什么事都难不住的人，他非常聪明，多才多艺，知识渊博，他不会拘泥于一个什么框框，他善于学习，他喜欢读书，读得非常杂，从《道德经》《论语》《金刚经》《古兰经》到金庸小说，没有不看的。那些年坐火车，他上了车就在那里看书，有时还会在书店里翻完一本书。”写作此书时，笔者在他的家里看到，将近80岁的他居然在看《三体》。

首创

调入西北林学院后，他了解到林业部所属院校当时还没沙漠治理专业，便上下奔走呼吁，并多次往返于陕西和北京两地，终于在部属林业高校首创了沙漠治理专业。这也意味着，沙漠治理从此由经验积累上升到了规律探索、理论总结的新阶段。

专业设立之后，他又为取得环境生物学、水土保持学的硕士学位授予资格多方努力，最后也取得了成功。

他为本科生、研究生主讲《沙漠学》《干旱区自然资源》《景观生

西北林学院水保系九七届沙漠治理专业毕业合影

态学》《环境评价与监测》《微机图形与图像处理》《荒漠化原理》6门专业基础课。听他的学生讲，他上课极少一章一节地照本宣科，往往不看讲义，也很少板书，他会不时穿插一些考察沙漠的奇闻趣事，旁征博引，课堂气氛十分活跃。

在教学的同时，他依然不忘沙漠治理研究工作。他根据自己的治沙实践撰写的《灌木固沙林与沙地水分平衡研究》《生态经济型防护林体系结构研究》《生态经济型防护林体系生态效益研究》《防护林体系经济效益指标体系研究》《毛乌素沙地防护林体系数据库的建立》等30余篇论文，以及参编的《毛乌素沙地立地质量评价》一书，为我国沙漠学研究打下了良好的基础。

1985年，他的"榆林沙荒大面积植树造林扩大试验"荣获国家科技进步奖，西北林学院上下一片欢腾，这是西北林学院历史上首次获得这一大奖。

他对新生事物十分热爱乃至于痴迷，用俗话来说，就是"特别喜欢赶时髦"。此前我们说过，他曾经亲手装配了第一台榆林家用电视，在当地引起轰动。在西北林学院期间，他又创造了多个全校第一：第一个购置私人计算机，第一个使用便携式摄像机，第一个拥有进口摩托车，等等，这既是工作需要，更是兴致所至。当时，他喜欢身穿一身光亮的皮衣皮裤，骑一辆大马力摩托车，从西北林学院驶出，飞驰在杨陵的大街上，可谓一道亮丽的风景，与今天开着奔驰、宝马在高速公路上飞驰相比毫不逊色。

1995年秋，他在全校首次购买计算机居家使用。当时，计算机硬盘340兆，安装Windows 3.1系统，5张软盘，可谓引领时尚。儿子周米京因此迷上了打"波斯王子"游戏，居然可以连过六关。

兴奋不已的周心澄信笔写道：

奥妙繁星旋宇宙，收缩粒子微观。探求不过一光斑。集

思成电脑，轻点比灵仙。

远古未来知几许，开天辟地弹丸。银屏方寸纳瀛寰。三生逢好运，彻夜戏无眠。

听老同事讲，他习惯于白天睡觉，晚上工作。他可以拿一支粉笔，讲两个小时，黑板上却没有写几个字，因为他要讲给学生的都在脑子里装着。同学们听他讲课，“也不知道啥好，但就是觉得好”，他喜欢跳出问题看问题。比如，其他老师讲植物的高度是1.2米时，他会说成是“齐腰高”，你一下子就记住了。

他非常容易接受新的东西。他不论走到哪儿，都会很快打开一片新天地。刚到西北林学院不久，他还到烟台学习了半年日语，想去日本深造。他就像一团火，周围常常围绕着一群追求光明和温暖的年轻人。他知识渊博，人很聪明，又没有架子，大家都愿意跟他聊天，与他一起探讨问题。

哲学是所有科学的基础，他有哲学基础，可以深入浅出，把复杂的道理用浅显的语言表述清楚。

产业

从1981年秋开始，母校北京林学院的李滨生教授与周心澄合作，开始构建“沙产业”模式，由榆林地区行署投资立项，试图建立“沙产业生态生物链”。他们在榆林县治沙试验站周边沙地营造高质量的固沙林，选取花棒、马铃薯等经济价值较高的植物品种，在试验区建立养畜圈、养鸡舍，开挖养鱼塘。李滨生教授还从北京带来了平菇菌丝、孢子及接种设备，以及从日本进口的蚯蚓“大平二号”，还从内蒙古达拉特旗引来了苏尼特羊。很快，他们用治沙林木屑培养出了平菇，并繁育出

1982年，在榆林治沙站与李滨生教授讨论筹建“沙产业生态生物链”

大量蚯蚓。可惜的是，周心澄一年之后调离，此项研究遂不了了之。但是，他们构建“沙产业”的念头从未熄灭。2011年李滨生教授82岁时在北林退休刊物《流金岁月》发表的文章《回忆我半生经历》中写道：“应用生态学原理开发治理沙漠，这就是除了用植物之外还要利用微生物、动物、家畜、鱼类等消费者和分解者，利用食物链的多层次多级开发，在农作物生产出粮食之后，稻草麦草喂牛，牛粪养香菇食用菌类，菌渣再喂猪，猪粪再培养蚯蚓，蚯蚓及蚯蚓粪再喂鱼，最后把养鱼的有机肥水泵回农田循环利用。用这种生态开发模式……经过食物链每次的分解、合成，改变了物质成分，提高了质量，得到了新产品，附加了一次经济价值。”这样几十年前的设计理念，至今仍有参考价值。

1984年，就在周心澄上下奔走，积极筹建全国部属院校第一个治沙专业的同时，一代科学巨匠钱学森先生也将关注的目光投向了沙漠治理事业，并将其提高到国家民族未来发展的高度。基于对高科技农产业的理解，结合西北地区的特殊情况，钱学森先生提出在我国西北地区要建设沙产业、草产业、林产业的观点。他认为，中国的绿色发展“必须服从世界趋势，走新技术革命的道路”，必须要“转变关于西部沙漠的思维定式，看到沙漠上也有搞农业的有利条件。要利用有限的水分、充足的光能，让农民从事种植业致富。所以，不仅是治理，更要开发，要将治理蕴含于开发之中”。

1992年，钱学森先生进一步提出，要在资金、政策和基础公益性项目上给予倾斜，以激发企业、个人和社会组织参与沙产业、草产业项目开发的积极性，以走出一条融合知识农业、阳光产业、高新技术、系统思想、循环经济的建设社会主义新农村、新牧区的新路来，从而实现“生态生计兼顾，治沙致富并重，绿起来、富起来结合”的双赢目标。

钱学森先生认为，沙漠戈壁在中国大约有16亿亩，与东部、南部的农田总面积相近。传统农业时代的人们潜心于东部、南部的农田，通过精耕细作养育了一个民族；新型农业——21世纪的大农业必须开拓新路子，转移战略核心，潜心于我们未知的领域——沙漠戈壁，沙漠戈壁的原始状态以及人们对它的未知从某种意义上来说更加映衬出它所蕴藏的巨大潜力，因为沙漠戈壁并非绝对的“不毛之地”。正是由于这种特殊的地理环境因素，造就了沙漠戈壁植物的独特性和难以复制性，如特殊药材。事实上，在西北沙区有着充足的太阳能资源，有着无可比拟的天然、无污染的环境，只需要转变沙区的常规思维定式，就可以寻出新型农业的有利条件。

钱学森先生以一个科学巨匠的创新思维，为中国西部经济发展描绘了一幅美好蓝图。他预言：“农、林、沙、草、海五大产业将在21世纪掀起第六次产业革命。”

钱学森先生以简洁的语言、严格的规范，给我们描述的沙产业理论，不仅有方向性、前瞻性的战略意义，而且有可操作性的实践范例。

上帝是公平的，地上资源不尽如人意的地方，地下资源却往往异常丰富。应该说，包围着陕晋蒙能源基地的乌兰布和沙漠、库布齐沙漠和毛乌素沙地，特别是毛乌素沙地相对我国西部的沙漠戈壁，大部分算是半干旱或半荒漠地区，这是该地区发展沙产业的经济基础。归根结底，沙产业的开发就是要求我们建立一个既符合自然规律、又符合经济规律的人工生态经济系统。这个系统应该维持沙区生态系统的平衡，充分利用沙漠地区的光能、热能、水资源与土地资源，大幅度提高生物产量，并以此为基础来发展其他高层次的产业。

周心澄认为，陕晋蒙接壤地带的沙产业，要以神府、东胜煤田的开采生产与矿区生活为支点。在陕晋蒙接壤沙区开发沙产业，既要注重经济系统的经济规律，也必须强调生态系统的生态规律。沙产业系统由环境保护系统和资源开发系统构成，其共性是以提高光能利用率，大幅度增加生物产量和生物多样性，如沙漠人工植被的演替问题。他特别指出，要依据国情和民情，沙产业的开发只能采取“滚动式”发展战略。

西行

1987年夏，国务院农村发展研究中心将“西北干旱、半干旱地区农业自然资源开发研究”课题下达给陕西省，陕西省指定由周心澄来主持。他坚持认为，如果不去现场，这个项目根本无法完成。于是，他决定自驾摩托车西行西北五省（区），去进行现场考察。那时，大西北很多地方不通车，他的想法刚一提出即遭到上下一致的反对，有的从经费方面考虑，有的从安全角度出发，甚至还有人因此嘲讽他是“二杆子”。好在那时由他创办的杨陵农村经济开发研究所已经有了一些收入，便由研究所出资购置了两辆大马力摩托车。见他执意如此，学校也只得勉强同意。与此同时，周心澄忘年之交——

中国绿色时报　1987年9月5日星期六

上一篇　下一篇　放大　缩小　默认

尘扬丝绸路　摩托万里行

周心澄副教授考察大西北

作者：王化勇，刘卫科，郑旭祖

为了完成中共中央书记处农村政策研究室和国务院农村发展研究中心下达的“西北干旱、半干旱地区农业自然资源开发利用的研究”课题，西北林学院周心澄副教授和青年教师廖超英，于7月20日驾摩托开始了沿古代“丝绸之路”西行的考察。

这次考察预计3个月。他们将穿越陕西、甘肃、青海、新疆四

56号　中国林业新闻网 | 报刊发行 | 广告刊例 | 网上投稿

《中国绿色时报》报道周心澄西北考察

年已八十的李连捷院士也曾赋诗相赠予以鼓励："老君西出函谷关，一去不返三千年。你今单骑进瀚海，应唤青牛早日还。"

时年43岁的他与助教廖超英一起，远赴铜川，经过半个月的强化培训，在取得了驾照之后，便踏上了西行西北五省（区）之旅。临行前，学院党委书记魏恩杰和院长李广毅专门组织送行，《中国绿色时报》还发布了相关消息。

在宁夏同心清真寺，寺门前有长9米、高6米之照壁，中门上书"清真寺"三个大字，左右两个券门分别写着"忍心""忍耐"，想到此行既有和将有的种种磨砺，这四个字让他一直铭刻在心。一首《七律·凝视同心清真大寺券门石雕"忍耐"二字感怀》写出了他此时的心境：

忍耐银钩雕券门，沉思久视动羁魂。
此行非议知多少，彼岸安能予浅深。
雾漫心中飘冷寂，风吹耳畔感清新。
前程万里挥鞭去，瀚漠冰峰勇探寻。

在西宁，他得到青海省农业区划办公室主任赵志英的接待，赵主任直接说："在我的地盘上，不准你们骑摩托车！"他不忍拂其善意，只能客随主便，在对方派车陪同下，考察了青海湖、日月山、塔尔寺等

1987年8月24日，与廖超英驾驶摩托车深入库姆塔格沙漠

地。三日后，他又与廖超英重新驾驶摩托车启程了。

1987年8月24日晚，在与廖超英驾驶摩托车深入库姆塔格沙漠无人区从丘间地带深入沙漠时，下坡行驶十分顺畅，归来时上坡，车辆熄火。其时已经入夜，狂风骤起，一瞬间，他竟有了身临绝境之感。所幸，来时的车辙隐约可见，便发动车辆沿车辙推行，直到三更时才推出沙漠。

此次经历，当年有《满江红·偕超英摩托车深入库姆塔格沙漠遇险》记之：

> 夕照清幽，丘间地，趋车顺进。浮瀚海，实为飘叶，却称雄骏。凌顶沙山金浪卷，逞胸天际丹霞劲。笑飞鸟，胆怯遁昌光，情犹奋。
>
> 云染墨，风猛迅。尘障目，石翻滚。瞬间临绝境，陷身危困。来路下坡浑不觉，归程攀陡堪难忍。冷夜黯，熄火怎推行，心寒噤。

1987年8月27日过星星峡进入新疆，这一路段均为土路，且坑洼颠簸，其中哈密至鄯善的350公里号称“搓板路”，司机一再叮嘱：“风起，车必停，车屁股要对风向，风停再走。”谁知被不幸言中，他们在其中一段黄尘漫天的路上不幸翻车，摩托车在打了几个滚之后翻倒在

进入吐鲁番盆地考察

地，他的四肢摔伤三肢，一只手的大拇指脱臼。他只能强忍疼痛，一边用嘴咬住手指皮肤，一边用另一只手强行将脱臼的骨头复位。偶有卡车经过，求援时司机却说："我如果搭乘你们，到达后你们的车将支离破碎，人的伤势也将加重。"他只得强行摁压，忍痛前行220余公里。傍晚时到达哈密，他不得不在此养伤。半个月后，伤口大体痊愈，他依旧兴致不减，因为大西北山川原野的广袤、雄浑、壮美在强烈地震撼着他，刚刚起步的沙漠治理事业在深深吸引着他。

在刚察县城，他发现，这里只有一条大街、三座楼房，共3000余人，整个县城无一公厕，招待所也是如此。他问："厕所在哪儿？"回答是："随便哪块草地上。"晚餐食青海湟鱼，红烧鱼只要2.5元，糖醋鱼只要2.6元。

当年左宗棠为收复新疆失地，率湘兵来到西北大漠，深感气候干燥，了无生机，遂命筑路军队在大道沿途遍栽杨柳，意为巩固路基、防风固沙，后人便将左宗棠和部属栽植的柳树称为"左公柳"。前人的传奇故事，也给了他继续前行的力量。

途中，他遇到了陶宏、郭仲英夫妇，他从未遇见过事业心如此强盛且又鸾凤和鸣的伉俪。两人均毕业于西北农学院林业系，从1973年开始，每年5—9月，夫妇俩都身居荒僻之地育种植树，连孩子都带到了天山深处，这一切又让他想到了在榆林时的自己。

1987年9月10日，他们成功抵达乌鲁木齐。次日，陕西省农村发展研究中心主任杨正昌、西北林学院院长李广毅专程飞往乌鲁木齐，迎接他们凯旋。

此行经西北五省（区）6072公里，耗时60天，采集了大量资料。归来后，他撰写了长篇考察报告。1988年4月，召开有西北各省（区）专家参加的研讨会，国务院农研中心的常寒婴到会，对研究报告进行了讨论。考察报告对农业自然资源的环境、战略和对策进行了分析，主要论点是：西北干旱、半干旱地区的光热、土地、矿产资源丰富，但缺水，生物产量低，生态环境脆弱；自然生态系统的形成是自然历史演变的产物，平衡一失调一平衡是它的客观规律；人们可以为自身的文明建立不同尺度的、相对稳定的、较高生产水平的人工生态系统；以土地为核心，可以划分为黄土高原、半干旱沙地和干旱荒漠三个生态系统；资源开发要遵循“水桶原理”，这里的短板是水；对待农业自然资源，不能因为人工生态系统的建立而采取掠夺式的开发，也不能因为自然生态系统失调而止步不前；系统的发展必须立足于自身，不能仅着眼于相关政策的变化，等等。

他还提出，半干旱沙地要保留至少15%以上的沙地，全面绿化是不可能的，过分干扰水分平衡，将使自然植被退化。地处河西走廊东北部的民勤，处于腾格里和巴丹吉林两大沙漠相交之地，虽然造就了“沙海绿洲”，但致使地下水位严重下降，不少天然植被同时消失。此外，地下水位降低后，原来地下水补给河流的情况发生变化，竟引发断流，对下游生态环境产生严重影响。这项建议与某些地区的政府决策产生矛盾。为此，陕西省农办和陕西省林业厅专门召开了两次学术研究会。

遇险

从事环境方面的科学研究，对野外考察习以为常，面对风云莫测的大自然，遭遇风险几乎是难以避免的。提到西行遇险，他又兴致颇高地向笔者谈起了自己多次惊心动魄的经历。

1980年，外出考察途经青岛，在前海栈桥的海滩，礁石散布，绵延入海，他与朋友踏入最远端一块巨大的礁石上眺望大海，还试探着俯身打捞脚下海面漂浮的水草，但总是够不着。不知过了多长时间，那些水草居然飘到脚面。吃惊之余，回身一望，只见海浪翻滚，来时的礁石全

1980年10月8日，在青岛前海栈桥考察

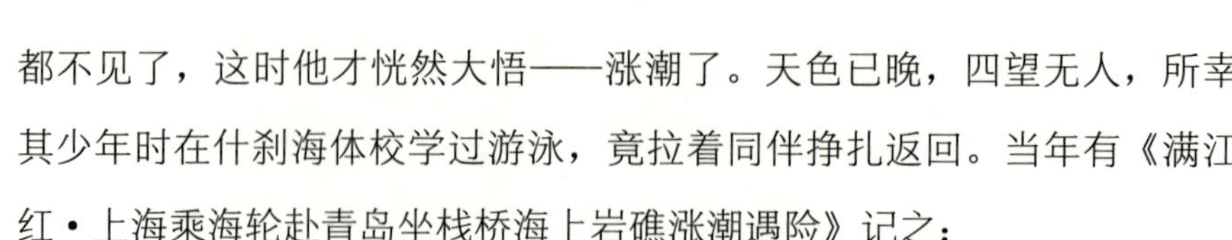

都不见了，这时他才恍然大悟——涨潮了。天色已晚，四望无人，所幸其少年时在什刹海体校学过游泳，竟拉着同伴挣扎返回。当年有《满江红·上海乘海轮赴青岛坐栈桥海上岩礁涨潮遇险》记之：

青岛栈桥，回澜阁，万民青睐。礁阵列，星罗棋布，延伸入海。踏跃远端岩险上，恍惚遥处凡尘外。浮水草，展臂俯身探，难能采。

垂手处，漂裙带。惊回首，全淹盖。涨潮来迅猛，浪击澎湃。只顾神游天际远，却失警觉归途败。弃衣裤，泅泳向沙滩，风涛载。

1987年自驾摩托车执行国务院农村发展中心下达的研究课题——“西北干旱、半干旱地区农业自然资源开发利用研究”，考察西北五省（区）期间，经历了三四次较大的风险，其中一次发生在陕北横山的山间公路上。当时，在一个急转弯处，他突遇横跨山涧的石桥，因车行过快，无法停车，他紧压车身过桥，惊出一身冷汗。下车回身查看，车辙离桥身边缘仅仅30多厘米，桥下即是深渊。

当年有《清平乐·陕北横山险情令冷汗直流》记之：

回峰路转，悬架桥突现。斜压身躯流冷汗，喘息急停彼岸。

车辙紧靠边沿，下方万丈深渊。生死居然一线，长途且莫等闲。

2005年，他主持德国外援项目“中国西部地区荒漠化防治能力培训与示范”，启动了“北疆万里行”，考察中国八大沙漠、四大沙地的治理。自驾穿行于艰苦卓绝的荒山荒漠地区，数次经历险境。其中最令人后怕的是夜行翻越阿尔金山至德令哈，昏暗山谷中遇急转弯，又逢落石一地，车辆颠簸急停。下车见半车轮险立悬崖，崖下深不可测，令他惊

阿尔金山至德令哈盘山公路

出一身冷汗。

到达德令哈，他吟诗《七律·夜行阿尔金山至德令哈》：

残阳落尽走冥途，暗夜车灯一束孤。
崄峭巉岩惊鬼影，深邃阪道入魔窟。
秃山陡下临戈壁，残月初升见草湖。
水畔零星光闪现，激情涌动一身舒。

2012年，他再次自驾穿行于荒漠地区。8月5日，在考察额济纳胡

额济纳胡杨林雷电交加

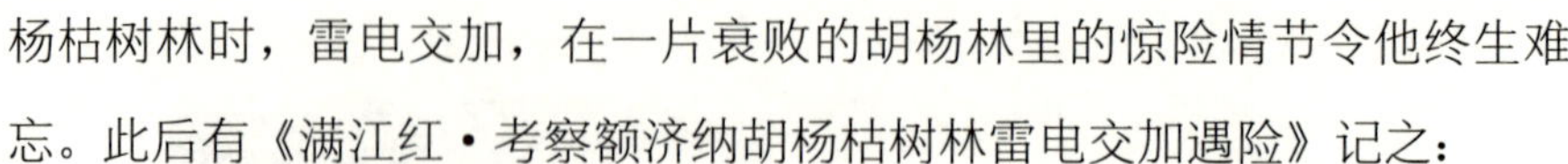

杨枯树林时，雷电交加，在一片衰败的胡杨林里的惊险情节令他终生难忘。此后有《满江红·考察额济纳胡杨枯树林雷电交加遇险》记之：

朔漠胡杨，枯泪尽、依然峻挺。休叹赞、夕阳垂暮，陷身危境。衰草残荒沉死寂，轰雷闪电呈凶猛。对空尘、横倒卧沙丘，心神冷。

抬望眼，如梦醒。观幻变，逢奇景。踏遥途万里，遇之何幸。静待云开明月朗，安舒野阔凡花盛。顺天意、风雨更妖娆，随驰骋。

沙蒿

沙蒿是菊科蒿属植物，耐寒、抗旱、喜光、易繁殖，无惧干燥和盐碱。榆林飞播治沙，沙蒿功不可没。但正如恩格斯所说："人类征服自然的每一次胜利，都遭受到大自然的报复。"

据榆林市林业和草原局副局长王立荣说，通过飞播，榆林860万亩流沙全部变为固定和半固定沙地，其中仅沙蒿栽种面积就达328.5万亩。在"沙进人退"到"人进沙退"的历史转变中，沙蒿发挥了重要作用。

"我泪格蛋蛋抛在，哎呀沙蒿蒿林……"随着这首陕北民歌的流传，沙蒿成了具有陕北特征的标志性植物。

可是，这样的治沙功臣却被人投诉了：

"沙蒿让人涕泪交流，喷嚏不止，一想到就难受。"

"沙蒿过敏太害怕了，每年七八月都要躲到西安去。"

"沙蒿花粉数量多、颗粒小，风一吹要人命，要是把沙蒿拔了该多好！"

……

越来越多的人将沙蒿当作过敏性鼻炎的"元凶"。

陕西省林科院副院长、陕西榆林毛乌素沙地生态系统国家定位观测研究站站长石长春认为："当年飞播时主要播种的优良豆科植物老化过

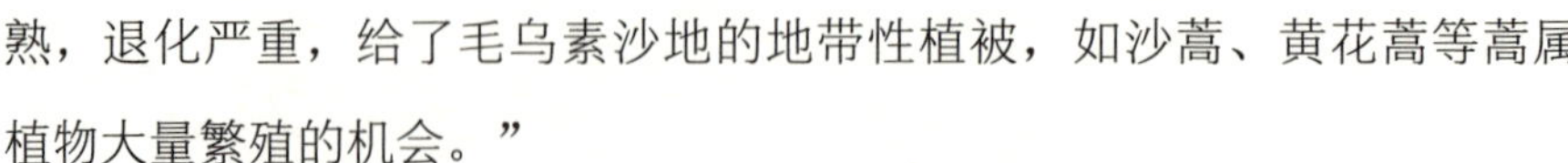

熟，退化严重，给了毛乌素沙地的地带性植被，如沙蒿、黄花蒿等蒿属植物大量繁殖的机会。”

沙蒿耐旱速生，若是没有沙蒿，人们今天就得吃沙子。但曾经为防沙治沙立下了大功的沙蒿现在也要“下岗”了，这就是对立统一的法则，一个阶段有一个阶段的主要矛盾。

从2015年开始，榆林不再实施飞播治沙作业，也停止了人为种植沙蒿的行为，林草建设的重点已经由固沙造林转向质量提升。

周心澄观察沙蒿

悟道

在西北林学院工作期间，他几乎走遍了陇右与关中的自然、人文名胜之地，博大精深的区域文化对他影响很深很大，特别是位于终南山北麓的道教圣地楼观台，他几乎年年都要前往。

“人法地，地法天，天法道，道法自然”，老子揭示了整个宇宙的特性，万事万物要遵循“道”的“自然而然”的规律。

楼观台老子骑青牛雕像

在《明朝那些事儿》里，作者当年明月在讲到“道”时有一段话，既通俗又深刻，大致是这么说的：

传说这个世界上存在着一种神奇的东西，它无影无形，却又无处不在，轻若无物却又重如泰山。

如果能获知这样东西，就能了解这个世界上的所有奥秘，看透所有伪装，通晓所有知识，天下万物皆可归于掌握！

这并不是传说，而是客观存在的事实。

现代著名作家余秋雨在《都江堰》一文中写道：

青城山是道教圣地，而道教是唯一在中国土生土长的大宗教。道教汲取了老子和庄子的哲学，把水作为教义的象征。水，看似柔顺无骨，却能变得气势滚滚，波涌浪叠，无比强大；看似无色无味，却能挥洒出茫茫绿野，累累硕果，万紫千红；看似自处低下，却能蒸腾九霄，为云为雨，为虹为霞……

看上去，是人在治水；实际上，却是人领悟了水，顺应了水，听从了水。只有这样，才能天人合一，无我无私，长生不老。

这便是道。

道之道，也就是水之道，天之道，生之道。

宇宙本体是不会死亡的，它是生化万有的总源头，也就是天地，此观念来源于《老子》的“玄牝之门”，是谓“天地根”。

老子的思想使周心澄从“热爱大自然”转变为“尊崇大自然”，他在科研上提出的许多观点均与此有关，《七律·1991年夏，与芳萍上楼观》说的正是这一转变：

暮霭迷蒙千嶂暗，寻踪老子上楼观。
高山仰止非常道，逝水无形法自然。
渭北疏林划禁地，朔方弱草建围栏。
三秦祈望千秋业，需在心中也炼丹。

2500多年前，老子对人与自然的关系已经研究得十分深刻了，“道法自然”的思想就是告诫世人不能以自己的偏见、爱好去破坏自然的和谐。在生态问题困扰全球的今天，在世界范围内，人们把目光投向老子，以汲取其思想精华。

著名物理学家卡普拉说：“据我看，老子提供了最深刻并且最完善的生态智慧”。《中国科学技术史》作者李约瑟认定老子的思想是“世界未来的哲学”。日本哲学家和农学家福冈正信根据老子“自然无为”的哲学，提出了“自然农学”的概念，现在已经发展成为“近自然管理”学派。

在沙漠治理上，与主流认识不同，周心澄提出了“适度治理”的概念，建议保留一部分沙漠作为水分循环，有业内人士称为“沙漠留白”。大多数人习惯于非白即黑，他觉得99.9%是灰，寻找当下最合适的那个灰才是“做正确的事”。不少人认为，治理嘛，越彻底越好，他却认为，榆林沙区地下水有限，大部分年份干旱，植被密度不能太大，要适当留有流动沙地，因为草木就像一个抽水机，会把地下水抽干，其中有一个水分平衡问题。地下水流失太多，自然降雨不足，地下水用完

塔克拉玛干沙漠胡杨野树照

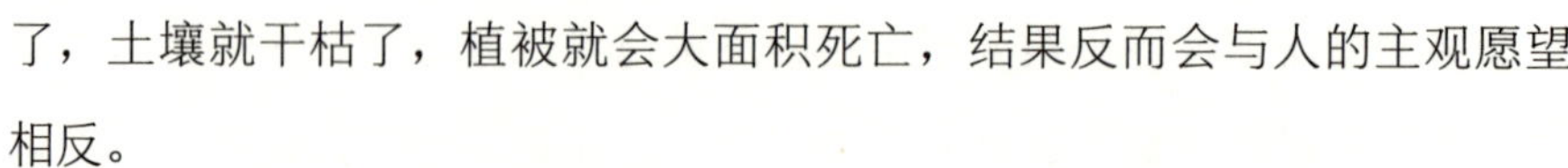

了，土壤就干枯了，植被就会大面积死亡，结果反而会与人的主观愿望相反。

周心澄认为，沙漠治理也应该是“近自然的”。过去，人们曾经高喊：“人有多大胆，地有多大产”“天上没有玉皇，地下没有龙王，喝令三山五岳开道，我来了”。你“与天斗，与地斗”，如果这个“天地”代表的是自然规律，那么，斗争的结果只有遭到天地的惩罚，古今中外，概莫能外。

退休后，他经常天南地北，行走于大自然之间，一首《题塔克拉玛干沙漠胡杨野树照》就表达了他对大自然的态度：

> 智慧生灵归野树，更怀强韧襟胸。天南地北总相逢。寒原吟咏雪，瀚漠笑迎风。
>
> 道法自然随顺变，虬枝落叶枯空。流年不尽育青葱。即兴了夙愿，何必摆姿容。

当笔者专门就此请教他时，他却淡淡地说：“我这只是肤浅的感悟，老子之道太深奥了，道是把天、地、人放在一起的思维，世上至今也无几人可与老子相比肩！”略微沉吟了一下，他又若有所思地说：“或许是因为绝大多数人只是在关心人，或者只是在关心自己吧！”

热爱、尊崇大自然观念贯穿了周心澄的整个职业生涯，后来更成为他为人处世的基本立场，也成为他超越自己、超越他人的思想基础。

噩耗

从1996年春至1997年冬，因长期在实验室工作，加热使用石棉网过多，周心澄的妻子王芳萍突患恶疾，这让他心急如焚。美好的生活刚刚开始，他怎么能够失去相濡以沫的妻子呢？在辗转杨陵、西安各医院照顾病妻期间，他不由得感叹道：

王芳萍在西北林学院

人生运命如云变，淡漫卷，忽昏暗。飞流狂泻动焦魂，终日悬心伤叹。清容衰减，嫣红消落，唯有缘情恋。

娇躯病榻轻声唤，半敛语，怀期盼。亲朋相助拜名医，儿女柔温陪伴。经春历夏，凄风寒雨，悲泪肝肠断。

1996年9月27日，中秋小雨微寒，大女儿回家，儿子周米京做饭，家人难得团聚。

杨柳飘零枯叶，寒宵又度中秋。迷蒙雨雾罩心头。不闻团聚乐，却见满门忧。

厨下米京淳默，尊前小女酸柔。病妻强忍笑容浮。依然三对饮，暗自泪双流。

1996年10月30日，他在西安参加“八五”重点科技专题“毛乌素沙地生态经济型防护林体系模式研究”鉴定会，鉴定委员会主任为北京林业大学教授高志义，委员有北京林业大学副校长、教授朱金兆等。会上，他的技术报告非常成功，课题被评为“国际先进”。但会议还没有结束，突闻妻子病重，他急匆匆赶回家中。

绿退红衰霜冷，娇妻突陷昏迷。长安唤我又临期。去留心紊乱，对月感悲凄。

寻替无人承诺，奈何秉笔专题。恩师一语送安怡。匆匆诚谢去，怀愧叹孤离。

看着眼前的病妻，他已经看淡了各种奖励。他说，当时的他连自己都不理解，竟然对可能获奖很“心烦”。在成果上报时，作为主持人，他坚持署名最后一个，令课题组成员百思不解。当时，上级还数次安排他出任各种官职，他均坚辞不受。

名盛鲁连知退隐，范蠡浮海翩仙。子陵垂钓富春山。清辉怀逸士，今古照尘寰。

肉眼凡夫沉此境，屡辞官授宁安。滋培硕果结学坛。何须三鼎甲，谁念九重泉。

1996年12月15日，在西北水土保持研究所参加研究员职称评审会时，得到妻子病危的消息，他连饭都顾不得吃，就急匆匆赶了回去。

病榻发妻呻楚，悲怜泪眼潸然。又呼赴会去留缠。当初曾许诺，无奈勉为难。

托嘱萦回双耳，攸关一票浮悬。岂能愧疚再交颜。犹怀情义重，尽力使心安。

1997年1月19日、20日，学校有近40名亲友前来探视陷入昏迷状态的王芳萍。

窗外朔风吹冷，残冬月落乌啼。抚额不觉感悲凄。校医三诊视，依旧陷昏迷。

岂料衰容传远，亲朋难舍难离。深情探视语声低。相陪临病榻，空有泪沾衣。

1997年1月29日下午2点40分，时年47岁的王芳萍在西北林学院家中去世。

此前，她似乎已有预感，她将自己的戒指送给了母亲，将自己的项链送给了儿媳，将自己的耳环和宝石分别送给了两个女儿，以为纪念，他闻声泪流不止。去世前一年，她还在夜以继日地为全家编织毛衣毛裤，甚至托好友助力。

妻子去世后，她灵堂里的挽幛多得超乎想象，他因此长叹：人生，善良无敌啊！

妻子去世对他的打击超乎想象，为了排遣心中的痛苦，他一连写下四首词，以悼念亡妻：

其一

年前紧迫寻针线，储满柜，编织艳。春花娇媚蕴柔情，秋色渊含凄婉。环旋腕指，平沉心智，昼夜不知倦。

阖家老少十余件，怎禁得，还相劝。沉疾患苦竟长别，痛定幽思难断。神灵知预，先人召唤，遗物留香愿。

其二

年前卜卦白云观，皓发叟，依石畔。云烟缭绕五龙宫，黄水波涛拍岸。神符一纸，吉趋凶避，门后张贴念。

缘归景遇激情泛，未在意，寻难见。那知遗兆酿忧端，怜抚织衣扼腕。风寒凄瑟，雨濡孤冷，能把谁来怨。

其三

归来同旅几家鸽，乍一见，竟饶舌。隔天寻草垫温窝，笑问何时饥渴。阳台啼晓，苍天翔逸，回报多欣乐。

谁人暗夜投毒恶，怎忍看，几夭折。为其垂泪缝丝衣，裁板精制棺盒。携儿挈女，堆石为记，远葬南山壑。

其四

夜雨泪含咽，手抚新织不忍穿。往月吊锤穷捻线，绵绵，精制粗衣御苦寒。

风袭草屋残，未与胭脂误妙颜。虽复沉云犹愧疚，惭惭，晴霁空留冷玉盘。

1969年，刚到马合农场时，无论男女，多以吊锤手持转动，以纺织毛线，再织成毛衣毛裤，一如现在手机随身之状。刚认识妻子时的各种情形，让他魂牵梦绕。妻子去世后两日，他在日记中写道：

哭我芳萍，去何匆匆。

寒风凛冽，心如裂冰。

遥想当年，落魄沙城。

投桃报李，草舍油灯。

一首《临江仙·夜思》道尽了他们的夫妻深情：

窗外阴云难散，听凭骤雨来袭。不知何处燕悲啼，夜风敲户牖，鸾影向门移。

冷夜环墙萧寂，青灯顾盼空凄。耳边犹绕语声低。寒床肠断处，涕泪忍孤栖。

1997年2月13日，他先是收到弟弟周心慧寄来的2500元，隔日又收到妹妹周心明、周心丽寄来的1800元。

1997年2月28日，榆林县林业局的刘挺局长、林科所的吕复扬书记专程前来慰问。

杭州挚友吴健生、孙静夫妇得知此事，特邀他去杭州散心。

但无论如何，只要一回家，亡妻便如影随形，让他无法入睡，甚至无法工作，他无奈地感叹道："记得不见得是好事，忘记不见得是坏事。"此时此地，他已经无法正常生活了，离开成了他唯一的选择。在勉为其难地完成了教育部对水保系的评价检查之后，他便不顾一切地离开了杨陵。

在西北林学院任教14年，他相继担任教研室主任、系副主任、图书馆馆长、系主任等职务。在科研上，他先后承担了从"七五"到"九五"期间国家下达的若干攻关课题；在教学上，他筹办了当时林业部部属林业院校唯一的沙漠治理专业。他是学院的骨干，大家需要他，但与离开榆林时一样，这里仍然只是他人生道路上的一个驿站，他的下一站只有一个去处：家，生他养他的那个地方——北京。

是的，此时此刻，只有回到当年出发的地方，他才能让自己的灵魂安顿下来。

第三章 从杨陵到北京

纵遇歌逢酒，但说京都旧话。

——〔宋〕陆游

〔垂柳 VS 管理〕

垂柳喜光，喜温暖湿润的气候，喜潮湿深厚的酸性或中性土壤。较耐寒，特耐水湿，但亦能生于土层深厚的高燥地区。萌芽力强，根系发达，生长迅速。垂柳观赏价值很高，是园林绿化中常用的行道树，深受人们喜爱。垂柳与桃花间植可以形成桃红柳绿的美景，是江南园林春景的特色配植方式之一。垂柳既可以作庭荫树、公路树，适用于工厂绿化，还是固堤护岸的重要树种。

这一时期的周心澄，像极了垂柳，坚毅而洒脱，成熟而开放。

回归

1997年夏，弟弟周心慧专程前往陕西杨陵，安慰中年丧妻的哥哥周心澄。兄弟两人同赴终南山下的楼观台，在老子修炼坐化的藏丹神洞——吾老洞，一起感悟天人合一的道家哲学。要知道，周心慧曾经出版过31卷的《道教版画丛刊》，对道教的研究非常人可及。

此时此刻的兄弟俩，不但同心，而且同道。

当时，在北京林业大学工作的至交朱金兆副校长得知周心澄妻子去世的消息后，便向学校党委书记胡汉斌、校长贺庆棠推荐他回母校任职，两位领导非常了解周心澄的能力和背景，调动之事得到首肯。恰逢西北林学院院长李广毅与周心澄在北京出差，于是同赴北京林业大学协调此事，北京林业大学当即出具调令并交给周心澄自带。

西北林学院院长李广毅是全国政协委员，系当时少有的党外人士领导。周心澄与李广毅既是上下级同事，又是亲密无间的朋友，当初就是李广毅坚持把周心澄调入西北林学院的。我们不难发现，无论到什么地方，只要遇到困难，周心澄总有贵人鼎力相助。一介书生，能够做到这一点，的确令人钦佩。他与其他人交往都是“君子之交淡如水”，极少利益交换，他们之所以愿意帮助他，除了对知识和人才的尊重，还有对其人品和能力的认可。

两人返回西北林学院后，适逢教育部进行教学评价检查，作为系主

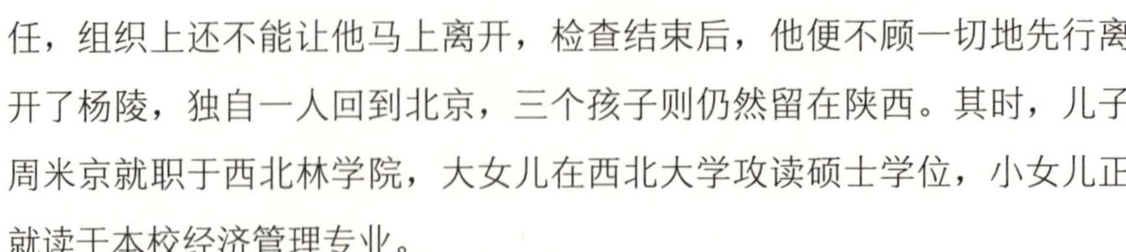

任，组织上还不能让他马上离开，检查结束后，他便不顾一切地先行离开了杨陵，独自一人回到北京，三个孩子则仍然留在陕西。其时，儿子周米京就职于西北林学院，大女儿在西北大学攻读硕士学位，小女儿正就读于本校经济管理专业。

1997年年底，在北京林业大学有关领导、老师和朋友的关照下，已逾“知天命”之年的周心澄终于叶落归根，回到了北京林业大学。

北京林业大学

当初他一个人离开，现在又一个人回来了，留下的只有沧桑的经历，还有三个留在陕西的孩子。

1998年1月8日，周心澄正式调入北京林业大学，他挥笔写了一首《念奴娇》：

> 半生居旅，渭河水，千里奔流归海。故土年华，常入梦，思欲东归可载。家府阴晴，肖庄风雨，早已置身外。沧桑变换，人情世故追改。
>
> 幸遇益友良师，记当年弟子，施予深爱。尽弃前嫌，多勉励，竟把教职摊派。松柏经霜，更梅魂傲雪，蓬勃血脉。投桃报李，慎独朝夕无怠。

说实在的，自工作以来，他对荣誉、奖励、职务、仕途十分淡泊，只求“归凭才智膳食安”。他从来没有主动申请过任何奖励和待遇，在榆林工作期间获得的省、部、国家级奖项都是榆林地区治沙所上报的，在西北林学院工作期间获得的各种奖励都是李广毅院长和水保系秘书高宝山上报的，而且看到那一摞摞证书时他有时居然有些不安。回到北京林业大学时，他已是知天命之年，超过50岁户口问题就不好解决了，学校也从来没有调入过一位没有户口的人员，加上学校住房紧张，可谓困难重重。他在西北林学院时住的是教授小楼，有人说："回北京干什么？在这边条件多好，你在学校是教授，在地方还兼着人大常委会副主任，回去居无定所，何必呢？"当时正好林业部副部长刘于鹤来校考察，学校向他提及此事，非常熟悉周心澄的刘于鹤表示："先调回来再说吧！"

回到北京后，他先是暂时住在妹妹周心明家，半年后学校分给了他一间木板房，年底才分了一套两居室。2000年年末，他搬到现在的住处，当时是学校最好的房子，被称为"博导楼"，面积近140平方米。

到北京林业大学报到后，他直接去教务处就职，任处长。学校领导让他"暂时不要从事教学、科研活动，安心做好行政工作即可"。从教务处处长开始，再到科技处处长，又到林学院院长、水土保持学院院长，母校给予了他足够的舞台和空间。

刚回北京林业大学时，不少人很不理解："这人不是'反动学生'吗？被开除了学籍，怎么又回来了，还当教务处处长？"在1962级大班的90名学生中，只有他一个人回来了，并且还当了处长，大家都在看着他，其中不少当年整过他的人也担心他"打击报复"。他的大度和宽容超出了人们的想象，当年批斗过他的同学校庆时都由他热情接待，有同学当面表示内疚时他却表示，"那是时代的产物，一切都已经过去，大家都要往前看。"是呀，苦难和岁月已经撑大了他的胸怀，让他原谅了当年那些让他陷入劫难的同学和老师。

说实在的，这次回到母校，他居然有点儿生分，因为近30年来，他已经习惯于在家里和野外工作，基本上没有上下班的概念，母校严谨、有序的工作氛围对他来说实在是一种考验。足足过了一年，他才慢慢适应过来。他之所以愿意尽可能地适应眼前的一切，骨子里只是怕对不起恩重如山的良师益友，其实，他的本色并非如此。

无为

刚到教务处工作时，他发现全处只有两台486电脑，并且几乎没有人会用。在他的极力争取下，教务处新添了14台486电脑，并随之由他牵头举办了教学管理学习班、现代教学手段学习班等一系列讲座，之后还建立了教学工作局域网。

在担任教务处处长期间，他大胆致力于教学改革。他坚持认为，中国教育的最大弊端就是过于注重学生“共性”的培养，却忽视了学生“个性”的发挥，孩子从幼儿园开始就是“排排坐，吃果果”，直至大学毕业，总在强调“统一”，这是学生缺乏创造力的根本原因；再就是过于注重课堂理论教学，轻视学生社会实践与专业实践，学林学的学生有的上了四年学，居然没有栽过一棵树、育过一垄苗。

针对这一情形，他在担任教务处处长期间，竭尽全力为学生发挥“个性”创造条件。第一，他大力压缩学时，把每节课从50分钟缩减到40分钟，上午5节课就能结束课堂教学，把下午和晚上尽量留给学生自由安排；第二，他大力倡导改革黑板教学，坚持用幻灯片、多媒体等现代化教学手段，以增加信息量；第三，他把教师奖金与教学质量、授课时间挂钩，大大激发了教师的工作热情；第四，他修订教学计划，显著增加了实践环节及跨学科探索；第五，他还热情推动学院路附近的13所高校建立联合体，学生可以按兴趣选择这13所高校的课程并承认学分，借以拓展学生的视野。

对他的这些举措，开始也有不少异议，但随着效果的显现，大家不得不由怀疑转为钦佩。在任职一年后，学校教务处被教育部评为“全国先进教务处”，之后，许多院校前来取经。

1999年，他开始主持教育部重点研究课题——“现代教育技术与教学方法改革研究与实践”，2004年获得“北京市教学成果奖一等奖”。为此，他专门写了一首《临江仙·2004年春，主持教学研究项目获“北京市教学成果奖”一等奖》：

运转星空奇幻，内藏智慧幽玄。如今何事不关联。无形成网络，有得在宏观。

书卷千寻宽展，遐思万里横延。岂能执着坠潭渊。心裁出意智，硕果结云端。

在担任水土保持学院院长期间，他在秦皇岛的一次会议上用多媒体汇报了自己的就职设想：其一，以学科为基本教学单元，拓展跨学科发展；其二，整合水土保持实验室为综合试验室，建设实习试验基地；其三，筹建一个民办开发机构，为教师服务社会、学生参与实践提供平

证　书

同志

在“迎五十年大庆，做跨世纪先锋”爱国立功竞赛活动中，成绩显著，被评为爱国立功标兵。特发此证，以资鼓励。

北京市总工会

二000年一月

在教务处工作近两年被北京市总工会评为“爱国立功标兵”

台。两三年后，在学校的支持下，上述设想基本得以实现：他主持的水土保持学院从一个院一个专业发展成为具有5个学科群、10个学科的综合性学院；他筹建的“教育部水土保持与荒漠化防治重点实验室”通过教育部评估；他创建的“北京北林丽景生态环境规划设计院有限公司”顺利运行。

他的各项研究无不获奖，回想起来竟与他对逻辑思维与抽象思维的融合有关，与他对电子技术、风光摄影、笔墨丹青、诗词歌赋、旅行运动的广泛爱好有关，因为在信息化时代，任何一个学科都不可能是孤立的。也有人说他“不务正业”，但对他来说，这些成果恰恰是“心有旁骛”的结果。

完成这些工作时，他已经年逾花甲，之后便主动请求退出行政领导岗位。

2004年夏，他应内蒙古林科院邀请，赴库布齐沙漠考察。

2004年秋，他应邀赴日本考察山地绿化工程。

2004年冬，他主持的教育部重点实验室评估获得通过。

2004年冬，年逾花甲的他数次请辞院长职务，终获批准。

他在北京林业大学任职11年，共培养了30多名博士生、硕士生。此一阶段的他，更像一株柳絮飘飘的垂柳，坚实的根与灵活的叶恰到好处地结合在了一起，成为他硕果累累的金秋。

回顾自己的职业生涯，自参加工作以来，他虽系党外人士，却一直任所在单位或部门一把手，从事行政、教学、科研工作无不获国家级、省部级嘉奖，总结经验，他觉得“些许成就”，皆乃“无为而治”使然。

一首《水调歌头·1999年秋，些许成就之经验乃“无为而治”》道出了他此刻的喜悦心情：

喜报送书案，疏语向超然。寻看留落红页，飘逸记流年。瀚海迎风点绿，渭水兴波作浪，白塔望苍玄。屡次获嘉奖，一纸道行安。

对明月，又朝日，脱荣冠。秋毫洞悉，亦或虚论恕直言。笃信“无为而治”，返璞归真天意，春野可昌繁。何必拔苗长，顺势自安然。

周心澄是一个“极为喜欢自由的人”，慢慢地，大家也习惯了。他虽然不是党员，但大家都知道，他不任副职，只任正职，要么不做，要做就必须按他的意思去做。领导交给他的事情，他也不希望别人干预。他一辈子离开单位几乎没有请过假，大家也都习惯了。他在榆林安装电视机时，就躲在水工队的一间房子里，好长时间没有上班，单位在全城到处找他，以为他失踪了，都准备报案。

正是这种管理理念，他在国内外考察，经常一走一两个月，单位仍然正常运转。他带博士生、硕士生也是如此，不像其他导师，离开一天两天也要请假，他总是尽可能地给学生最大的自由度。

他在北京林业大学当水土保持学院院长时，领导来考察，他说：“水保学院发展不错吧？从一个学院、一个专业发展到5个学科群、10个学科，从普通实验室发展到教育部重点实验室，要问我作为院长的贡献是什么？”领导等待下文，他却说：“我最大的贡献就是没有干什么具体事情。”领导不解地说：“怎么可能？”他说：“水保学院有主管后勤、科研、教学、行政的副院长，他们把各自的事情都做好了，还有什么事情归我管呢？”

事后领导说：“我走了那么多学院，真没见过一个院长像他这么汇报的！”

这就叫作“无为而治”呀！

他常说，我最大的贡献就是“不管”。“不管”不是不关心，不是放任，而是给下属发挥、发展的空间。事实上，他只是在琐事上“难得糊涂”。他的整个思想充满辩证法，充满“九九归一、大道至简”的本质思维。

作为领导，当下属感到你“并不存在”但工作却做得很好时，你的工作才算做好了。他的下属都是教授、副教授，他的工作就是让他们都能积极、主动、自发地工作，并处理好各种复杂的事情，最大程度地发挥他们的创造力。

当然，作为处长、院长、水土保持与荒漠化防治教育部重点实验室主任，单位的宏观设计他都会深入思考，所有事项的汇报，他都亲自动手编写PPT。值得一提的是，教育部重点实验室评估，给他一小时的时间，他编制精彩的PPT文件，汇报59分钟35秒，获得很高评价，顺利通过评估。笔者曾看过他的PPT文件，画面的内容、结构、布局，不仅反映了他的专业水平，也渗透着他的美学思维。

“水土保持与荒漠化防治教育部重点实验室”总体定位为：实验室以“单一学科独立研究与多学科、交叉学科研究相结合，微观与宏观手段相结合”为宗旨开展基础理论与应用基础理论研究；以野外大规模实地定位观测为主要手段，在林业生态工程、森林水文及流域管理、荒漠化防治等方面的理论发展做出贡献。在此基础上，为我国北方风沙区、黄河和长江中上游水土保持与荒漠化防治提供强有力的技术支撑。

老子在《道德经》中说：“太上，不知有之；其次，亲而誉之；其次，畏之；其次，侮之……功成事遂，百姓皆谓我自然”。

周心澄寻觅到了老子做领导的真谛，他更崇尚“不知有之”的境界。

从1975年担任榆林县治沙试验站站长起，他先后担任西北林学院图书馆馆长、水保系主任，北京林业大学教务处处长、科研处处长、林学院院长、水保学院院长，其间还曾兼任原榆林县人大代表两届、杨陵区人大常委会副主任近三届，现在终于“无官一身轻”了。作为党外人士，能够得到三地领导的重用，让他感慨系之。

从今以后，他终于能够以“游山玩水，吟风弄月”为生活主题了。一首《满庭芳·2004年冬，年逾花甲数次向吴斌书记请辞院长职务终获批准》正好道出了他此时的心境：

雪色莹莹，玉轮朗朗，遇逢花甲相求。子陵垂钓，陶令咏青畴。自幼魂驰梦幻，生尘世、夙志难酬。箪瓢饮，喟然长叹，忘我度春秋。

悠悠，沉瀚海，营林碧浪，岁记如流。又迁教学堂，坐想行筹。今日移宫换羽，也且莫、一醉居楼。余年久，吟风弄月，山水望寰球。

周心澄辞任行政职务后，科研、教学工作依旧，但有了更多时间进行国内外考察。

林业部组团赴南非参加“世界园林大会”，会后赴肯尼亚、埃及考察

应邀考察日本北海道护路工程及有珠山火山口

『十五』

2001年5月，国家计委和科技部发布“‘十五’科技发展规划”项目——“林业生态工程构建技术研究与示范”，其中“退耕还林还草工程区水土保持型植被建设技术研究与示范”课题由周心澄主持，项目涵盖“黄河中游黄土丘陵沟壑区（山西吉县）水土保持型植被建设技术研究与示范”“黄河上游（青海大通）水土保持型植被建设技术研究与示范”两项子课题。山西吉县水土保持试验站已具备研究基础与设施，而青海大通却是首次开展研究之地。为此，在青海省大通县政府支持下，他们专门建立了水资源动态及土壤侵蚀观测场。

国家“十五”科技攻关项目大通县实验示范区

吉县实验示范区紧紧围绕水分这一工程建设的关键因子展开研究，通过对黄土区植被恢复与重建中的土壤水分动态、坡面土壤水分分布规律的研究，来做好土地利用。

大通实验示范区着重研究了不同退耕地植被群落结构类型，植被群落的土壤生态环境，退耕地植被的水文作用过程，退耕地植被的减沙效益和退耕地植被的生态耗水，并取得了一系列研究成果。

攻关课题时间紧、任务重，内容包括试验示范基地建设、野外调查、半定位观测和定位观测、示范推广等，仅靠项目组成员力量明显不足，所以在项目具体实施过程中，周心澄采取了激励机制，充分发挥博士后、博士生、硕士生和本科生的工作积极性，将攻关任务在子课题的水平上进一步分解，在课题组成员的指导下，将攻关任务和毕业论文结合起来，既发挥了青年学子精力旺盛、创造性强的特点，又能保证按时完成科研任务。课题组共培养博士后1名、博士生3名、硕士生8名、本科生10余名。另外，在日常观测中，他还刻意培养了一批当地工作人员。

周心澄说，他在1974—2014年主持了40年的科学研究课题，与他一起工作的同事和学生有数百人之多，从来都是和谐相处，无论是研究过程、成果上报及论文发表，从未产生过不可调和的矛盾。工作中，既感到科学的严谨，更感到深厚的友谊和精神的愉悦，如他《满庭芳·2003

2003年夏赴青海大通检查“十五”攻关专题

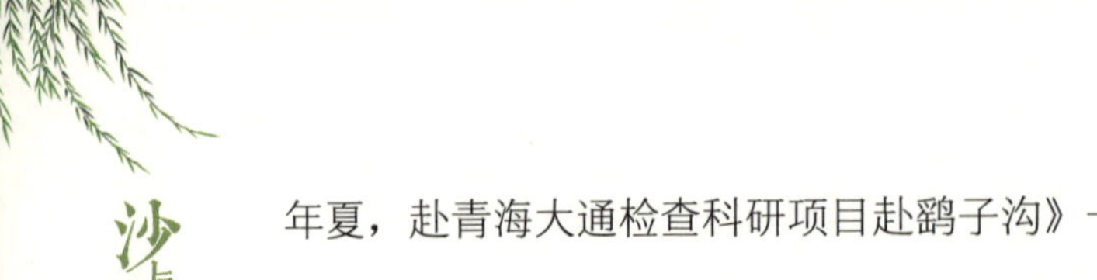

年夏，赴青海大通检查科研项目赴鹞子沟》一词所述：

攀越巅峰，抹金花海，碧透天幕嵌镶。野菊摇曳，红紫点妍妆。寄兴临风展臂，生双翅，广宇鸾翔。频相告，烹调野味，山下待新尝。

徜徉，环草野，云杉峻挺，溪水沧凉。地席耀光斑，老酒醇香。旷逸花儿一曲，民歌手，音色莺吭。还邀我，与其共舞，已树影夕阳。

“十五”期间，他还应邀主持了两项矿区复垦项目：“阜新矿区煤矸石废弃地生境演化特征及植被演替研究”和矿区可持续发展研究示范项目——“济三煤矿矸石山生态治理规划”。

与阜新林科所孙广树所长讨论矸石山复垦方案

煤矸石是煤炭开采和洗选加工过程中产生的固体废弃物，是各种工业废渣中排放量最大、污染环境较为严重的固体废弃物。他们首次对碱性矸石山实施边排矸边治理，并且形成了多树种、乔灌草混交模式和多形姿、多色彩的景观生态集成，在短短两年内为同类型矸石山环境的治理建立了示范区。

他们经过对矸石山稳定性分析，提出坡面安全稳定区划（坡度在18度以下为安全区，18～25度为较安全区，25度以上为不安全区）。按分区选择抗蚀植物和相应的生物措施与水土保持工程措施的集成，实现了矸石山坡面稳定。

他们还进行了煤矸石山重金属及其他有毒物质的去除机理研究，采取措施对矸石堆表层的理化性质进行改良。

在济三煤矿作矸石山治理规划报告

他们通过已绿化矸石山和裸露矸石山的对比研究，在改善小气候效应、净化环境效应、改良土壤效应、生物多样性效应、景观效应等方面，为矸石山生态治理提供了理论依据。他的博士生樊金栓、许丽均以煤矸石废弃地生态演化特征及治理规划研究为主题，完成了博士论文，并以优秀成绩通过答辩。

火洲

1985—2012年，他曾数次到新疆吐鲁番考察。1985年暑期，为开阔学生荒漠化治理的视野，他决定带学生赴吐鲁番进行治沙实习。当年，乘坐火车需要两天三夜，为一门课实习去这么远的地方，在学院属于首次。因为没有买到卧铺票，他与学生同乘硬座前往，一路谈笑风生。

他有自己教学实习的理念：欣赏自然风光，开拓视野，增广见闻，培养学生“行万里路胜读万卷书”的理念：实施自然及人文科学教育，充实学生智能；拓展学生求知视野，从事观察、记录，提升学生的理解、分析和判断能力；培养学生“爱山、爱水、爱大地”的情怀。为此，实习期间，他把全班同学分为几个小组，分别承担林地气象观测、土壤调查、植物标本采集及农村社会调查任务。他强调自然与社会“交叉学科”调查非常有必要，学生将来工作后会有感知。每隔几天，各组交叉轮换，这样使得同学们都能参与到各项实习环节中来。这次实习，竟令一些学生几十年难以忘怀。

虽然早就听说吐鲁番是全国气温最高的地方，但亲身感受又是另一回事。这里夏季地表最高温度达80℃以上，可以烤熟鸡蛋，据说从前的县太爷都是泡在水缸里办公的，炎热成了这里最突出的特点，而水在这里便变得异常珍贵。

火焰山横亘在吐鲁番盆地中部，出吐鲁番市往东走10多公里就可以见到。远远望去，10多个山头均呈橘红色，在烈日照耀下，宛若燃烧着的熊熊大火，故名火焰山。

不过，就在以炎热著称的吐鲁番也有特别清凉的地方，甚至可以称作避暑胜地。这不，当人们走进浓荫里的十里葡萄沟时，一股清凉之气便立刻涌遍全身。

位于吐鲁番市区东北约15公里处的葡萄沟，是火焰山西侧的一条沟谷，因盛产葡萄而得名。葡萄沟南北长约8公里，东西宽约0.5公里，这里水渠纵横，终日流淌着天山雪水。沟两侧的山坡上虽然寸草不生，但沟里却绿树成荫，葡萄架成片，潺潺流水，座座新房，一派旖旎风光。只见那近百株碗口般粗的葡萄藤爬在水泥砌成的架子上，爬满走道的上空，长着茂密的叶子和汉白玉般的串串葡萄。走在这样近百米长的绿色长廊里，串串葡萄垂挂在头顶上，伸手可及。你若是想尝鲜，只需坐下付上几元钱，就会有身着维吾尔族服饰的姑娘给你送上一盘正宗的葡萄沟出产的无核白葡萄。坐在葡萄架下，品尝着颗颗晶莹、粒粒肥美且不需要剥皮吐核的白葡萄，这种享受可谓独一无二。

可以说，在这里，水是绿色生命的源泉。也正是远处冰川的水养育

1985年带学生在吐鲁番实习，住宿在维吾尔居民家中

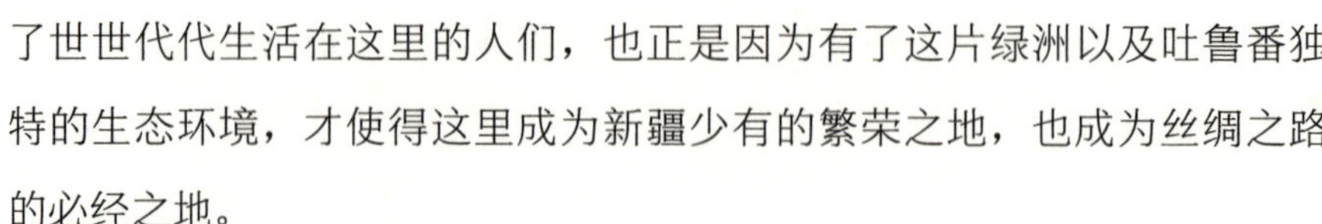

了世世代代生活在这里的人们，也正是因为有了这片绿洲以及吐鲁番独特的生态环境，才使得这里成为新疆少有的繁荣之地，也成为丝绸之路的必经之地。

1987年，他骑摩托车深入高昌故城和交河故城。高昌故城是西汉至元明时期吐鲁番盆地的中心城镇，时间跨度1400年左右，遗憾的是13世纪末在战乱中废弃。2004年秋，他应弟子戴健之邀再次来到高昌故城，不要说骑车，连徒步都禁止入内，只能乘坐电瓶车匆匆转悠一圈。他感叹道：

犹念高昌名盛地，如今失望门衢。恍然一过电瓶车。空留虚影，自认叹唏嘘。

1987 年考察高昌故城

2005年，在“北疆万里行”时，他还到过吐鲁番盆地的最低处，也是中国陆地的最低点，湖面比海平面低154.31米，仅次于死海的艾丁湖，这里是世界第二低地。1995年，他曾赴以色列游览世界第一低地死海度假村，那里的特殊风光吸引了大量游客。为此，他曾向吐鲁番林业局建议开发艾丁湖旅游景点，促进当地旅游经济发展。

美丽的吐鲁番留给人们诸多思考与联想的空间，比如，甜蜜多汁的

世界第二低地——海拔－154.31米的吐鲁番艾丁湖

1995年摄于世界第一低地——海拔－430.5米的以色列死海度假村

哈密瓜、白葡萄反而原产于干旱的戈壁滩。这一自然现象也使人们自然而然地联想到了周心澄的经历，联想到了他在榆林的生活与工作。

北疆

2005年春，年逾花甲的周心澄，主持“中德技术合作森林与可持续发展整体项目”专题四——“中国西部地区荒漠化防治能力培训与示范”。为了深入了解中国荒漠化防治现状及发展，他决定自驾汽车对北疆十二大沙漠、沙地实地考察，并将本次考察命名为“北疆万里行”，考察组成员有：朱金兆、陈森、赵廷宁、丁国栋、张学陪。

行前，他反复咨询路况、规划路线，彻夜无眠，编绘图纸42幅。

《御街行·2005年春，备北疆万里行》：

北疆万里怀期愿，自策厉，长途漫。神驰苍宇草原间，奔马平湖花苑。林峦碧秀，沙荒幽旷，晶耀冰达坂。

杯茶彻夜陪伏案，虑险阻，思行线。行囊装有梦悠长，孤旅谁来相伴。朝霞艳日，夕辉明月，仰望凌空雁。

自2005年6月30日至8月21日，此次考察历时52天，行程19308公里。考察横穿内蒙古全境，纵贯新疆南北，其间翻越大兴安岭两次，阿尔泰山一次，天山山脉四次，阿尔金山一次，涉及的沙漠、沙地有：科尔沁沙地、呼伦贝尔沙地、浑善达克沙地、毛乌素沙地、乌兰布和沙漠、腾格里沙漠、巴丹吉林沙漠、古尔班通古特沙漠、塔克拉玛干沙漠以及柴达木盆地等荒漠化地区。一路考察，感物吟志，曾赋诗词60首，基本上记录了整个行程：《七律·6月30日，北疆万里行出发首日御道口逢修路遇阻驾车彻夜抵坝上》《抵坝上乌兰布统怀古》《游科尔沁沙地大青沟》《登大青山看冰川石臼遇雨》《登临黄土梁见采矿有感》《游阿斯哈图国家地质公园》《扎兰屯雅鲁河大桥洪水冲断受阻》《阿尔山中国温泉博物馆》《车行沿中蒙边界所见》《东乌珠穆沁旗印象》《满洲里》《访昭君墓》《乌梁素海》《贺兰山》《阿拉善右旗至额济纳》《额济纳枯树林》《居延海》《东风航天城》《嘉峪关》《万里长城西域第一墩》《莫高窟》

考察“神木园”

纵穿塔克拉玛干沙漠至若羌

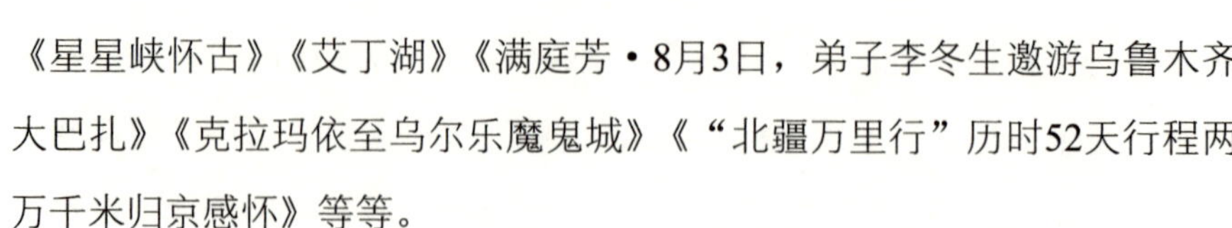

《星星峡怀古》《艾丁湖》《满庭芳·8月3日，弟子李冬生邀游乌鲁木齐大巴扎》《克拉玛依至乌尔乐魔鬼城》《“北疆万里行”历时52天行程两万千米归京感怀》等等。

考察归来，他填词《沁园春·“北疆万里行”感怀》：

花甲之年，自驾遐疆，万里纵横。历雨袭坝上，危穿涧道，桥沉弱水，露宿寒星。戈壁炎蒸，高原冷冻，峻岭云端遇雪封。言难尽，数一生苦旅，两月身经。

坚称。何谓虚行，缤纷景飞来展画屏。看楼兰遗迹，居延佛塔，神功石臼，鬼斧风城。浩渺平湖，苍茫草野，欲览恢宏登险峰。年趋老，又光阴似箭，日夜兼程。

“北疆万里行”虽然多艰难险阻，但大家兴致勃发，勇往直前，真正是“老夫聊发少年狂”。这次考察共拍摄录像带42盘，照片5000余张。经过考察，大家认识到：位于内蒙古东部的呼伦贝尔市和新疆南部是目前荒漠化扩展速度最快的区域，国家正在论证上马针对呼伦贝尔沙地、南疆以及西藏地区的防沙治沙项目；地质过程、气候变化对现代土地荒漠化仍然起着控制与支配作用，人类对水土等自然资源的不合理利用加剧了土地荒漠化过程；以禾本科牧草和沙旱生灌木为主的灌草植被是中国北方地区的主要植被类型，其防治土地荒漠化的整体作用远远大于区内岛状散布的传统意义上的森林——乔木林，国家林业局将灌木林纳入森林覆盖率进行资源管理是完全正确的；毛乌素沙地、浑善达克沙地是目前植被恢复最快、效果最好的沙地；在中国北方地区的荒漠化防治工程中，围栏封育、轮封轮牧、封山禁牧是截至目前最为普遍、有效的措施之一；水资源的合理调配与节约用水是干旱绿洲环境整治的关键措施；在荒漠化防治的对策与措施体系中，立足于区域经济发展、面向资源的有效监督与管理是荒漠化防治的根本措施，荒漠化防治行政主管部门应该强化其监督、管理的职能；在北方地区，荒漠化防治的人才、设施、设备严重缺乏，他们对于能力建设项目寄予高度期望，热切企盼项目能够全额或部分资助技术培训或学历教育；通过考察并考虑示范与培训教学基地的可利用性，建议选择甘肃民勤、内蒙古磴口、陕西榆林、内蒙古通辽作为示范与培训基地进行扶持和建设，他们分别代表干旱、半干旱地区沙漠沙地的治理典型；考察途中收集到的大批视频、图像资料，可为项目培训提供充足的教学辅助材料。

“北疆万里行”总结的“中国防沙治沙十大模式、十大技术及十六项政策建议”，国家林业局治沙办与德国专家对此给予了很高的评价。

之后，该项目又安排了俄罗斯及澳大利亚的国际考察。在澳大利亚考察期间，周心澄拜访了位于西澳大利亚州珀斯市科廷大学的柏瑞·莫罗特教授，并深入澳洲中部荒漠地区艾尔斯岩及奥加石阵风之谷，开阔了荒漠生态的眼界。

荒漠化是全球重大的生态环境问题之一。荒漠化不是一种单纯的自然现象，而是与环境、经济、社会发展紧密相关的。《联合国防治荒漠化公约》指出：“荒漠化是各种复杂的自然、生物、政治、社会、文化和经济因素相互作用的结果。”虽然促成荒漠化有诸多因素，但首要因

与澳大利亚科廷大学柏瑞·莫罗特教授交流

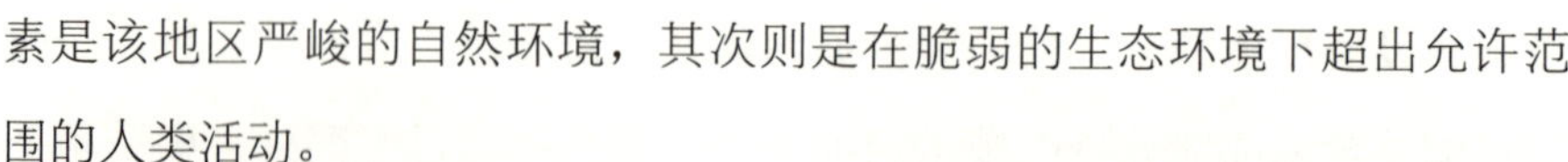
素是该地区严峻的自然环境，其次则是在脆弱的生态环境下超出允许范围的人类活动。

考察西澳波浪岩

【临江仙·西澳波浪岩】

世界奇观入眼帘，切身感受深玄。洪涛汹涌撼心弦。浪翻惊绝岸，海吼震尘寰。

谁解狂波岩造就，精雕细镂连天。风蚀水浸探渊源。自然何奥妙，人类顺随安。

考察中澳荒漠地区艾尔斯岩及奥加石阵

沉疴

完成“中国西部地区荒漠化防治能力培训与示范项目”之“北疆万里行”和澳大利亚考察之后，周心澄已可能身患癌症。考察期间，他曾与老友朱金兆说：“我可能罹患癌症了。”老友视其神色，并不相信。

2006年夏天，周心澄在北京中日友好医院被检查出结肠癌。患病之后，经过前思后想并查阅资料，他才得知结肠癌是少数具有遗传性的癌症之一，家族性的腺瘤息肉如不切除，很可能转化为腺癌。1997年，他因偶尔便血已经感到肠道出了问题，但当时由于太忙，居然没有在意。事后回想，如果当时能够每年做肠镜检查，就不会有癌症发生。

“北疆万里行”之后，他曾两次去医院检查，均被误诊为内痔。这件事让他明白了一个道理：身体不适立即就医，诊断不明立即转院。

患病住院期间，子女均提议一定要隐瞒他的病情，不说癌症，谁知他的续妻笑音当晚即实情告知，她太了解周心澄了，面对任何挫折与危难，他从来不会情绪低沉。后来医生与家属讨论手术方案时，子女均表示，“与他本人讨论，我们尊重他的意见。”

后有《2007年春元宵游圆明园故地感怀》一首，以记录此番感悟：

日暖平湖水漫烟，风霾雪雾骤生寒。

天机不测元宵冷，喜庆犹闻彻夜鞭。

浪荡江山苦染病，仙居陋室乐修禅。

恩得益友堪追忆，肠断原来一笑间。

圆明园——日暖平湖水漫烟，风霾雪雾骤生寒

2008年春节，癌症手术后一年半，他即自驾车经邯郸、洛阳到西安，然后又去杨陵拜会亲友，有《采桑子·2008年2月16日，自驾西行（北京一西安）纪实》一首佐证：

京门远去长天阔，赵武雕弓，洛水晨钟，远望潼关暮霭蒸。

长安夜路千般色，春晓歌声，雁塔华灯，盛世贞观入梦中。

尽可能无拘无束、自由自在是他生活的第一准则。因此，当榆林行署和陕西省两次物色非党工程师、教授进入官场时，都被他婉言谢绝了。他深知自己的第一准则是“不宜从政”，但还是勉为其难地出任了三届十一年的陕西省杨陵区人大常委会副主任，其间辞职数次，直至调离，才算回归了自我。

他自知天性放旷，很难适应领导岗位：

尘世谋身黎庶，生途随步前贤。归凭才智膳食安。风云何远我，旷淡自神闲。

然而，事与愿违，从任榆林县治沙试验站站长开始，30多年来，他总被推举担任各种职务，他常开玩笑说，在高校非党员能干的职务里，他好像都干了一遍。他的原则是既然干了就要干好，但干得越好就越难退出，越不想干反而不得不继续干，其间“无心插柳柳成荫”的道理值得人们再三玩味。

2009年8月31日是他在职的最后一天，他专门为此写了一篇回忆录式的文章——《九死一生惊梦后，曙光来日红依旧》。文章引用了他2007年除夕所填的一首《蝶恋花·2007年2月17日，除夕咏叹》：

除夕酌杯残更漏。对影笼灯，鹤发频回首。往事悲欢重邂逅，何时闲远笙箫奏。

窗外烟花争挺秀。笑语迎春，不问彤云骤。九死一生惊梦后，曙光来日红依旧。

这首词概括了他的前半生，词的最后两句可谓点睛之笔：“九死一生惊梦后，曙光来日红依旧”。

何谓“九死一生”？面对时势，在那个特殊年代，曾经被开除学籍，身陷囹圄；面对自然，曾驾驶摩托车西北万里行，险象环生，几次差点送命；面对家庭，相隔11年，两位分别比他小5岁和11岁的妻子先后辞世，曾使他肝肠寸断；面对自身，又身患癌症，经历了痛苦的手术和化疗，直至当下。其中的每个磨难都可以把一个人击垮，然而，他仍然活着，而且是有声有色地活着，因为他坚信：一切磨难都有始终！

退休

2009年9月1日，年逾65周岁，周心澄终于退休了。此时的他，“蜗角虚名，蝇头微利，早已深抛落涧沟”，只想：

春暖花开，冰封雪漫，放浪形骸五大洲。飞苍宇，望天高海阔，一揽包收。

此时的他：

忆沙乡醉酒，披星射猎，击节叹赏，笔墨丹青。渭水行吟，京都赋论，学海无涯自纵横。

经过“九死一生”之后，他更加珍惜眼前的一切，于是便大江南北、长城内外，四处游逛，恬然自足。自驾去海滨、湖畔、山野、森林扎营，游泳、划船、垂钓、登山，沐浴在风雨、阳光与月色之中。

一首《蝶恋花》道出了他此时的心情：

放浪山河经岁久。大漠孤烟，陋室青梅酒。星夜狂歌风伴吼，沙丘醉卧寻牛斗。

渭水稻菽笼翠柳。后稷功垂，千载随尘后。垂老京都重抖擞，行囊背负天涯走。

这种洒脱的心态，给了他人生的又一个春天。

他依然对新生事物充满兴趣，退休后他一有空就带着自己制作或改良的各种装备到处游玩，大家都说他“特别喜欢赶时髦”，到老不改。他自制的各种装备，如集照明、视频、音频、收音、充电、报警于一体的多功能户外电源以及电动户外淋浴卫生间，大家都说应该去申请专利，他却说“这只是兴趣使然”，只为自己的户外生活更惬意，丝毫没有以此申请专利的意思。

自己研制的户外电源

自驾天风游世外
忘形真悦复何求
北京林业大学教授、
博士生导师周心澄的快意人生

《越玩越野》杂志专题报道

《水龙吟·2010年6月19日，翡翠岛露营夜风雨交加》描述了他在秦皇岛露营时的情形：

驾车渤海之滨，春风满面安营岛。林丛簌簌，沙滩漫漫，烟波渺渺。慢橹轻舟，悠悠荡漾，泛泛垂钓。晚盈盈月色，呼儿唤女，烹群带，鱼烧烤。

真是风云难料，眼惺忪，梦酣犹绕。篷摇灯熄，轰雷掣电，狂涛咆哮。气定神清，频传慰语，稍安毋躁。天时须顺应，终将同赏，霁霞光耀。

在秦皇岛黄金海岸翡翠岛露营

他已经走过五大洲数十个国家和国内所有省份，至今还常常为设计出一条新鲜而刺激的出游路线而兴奋不已。

2010年2月14日，是他退休后的第一个春节。大年初二，他约了弟弟周心慧和儿子周米京共度新春。

2010年7月23—25日，与儿子周米京一家去翡翠岛露营。

2010年7月31日，又与大女儿、小女儿两家去翡翠岛露营。

2010年夏，与儿子周米京、大女儿两家到承德避暑山庄、塞罕坝旅行，一代又一代塞罕坝人用自己的青春、汗水甚至血肉之躯，筑起了阻沙涵水的“绿色长城”，从茫茫荒原到百万亩人工林海，逐步打造出一道守卫京津的重要生态屏障。作为在榆林沙乡奋斗了14年的周心澄，对此感同身受，执意叮嘱儿女，“要去现场看一看”。

2010年夏，与儿子周米京自驾苏杭游。

2010年秋，与弟弟周心慧同游白洋淀。

2010年冬，追踪一年采访他的《越玩越野》杂志，以他的诗句“自驾天风游世外，忘形真悦复何求”为题，将他的故事刊于“玩家”专栏，描述了他的快意人生。

2012年1月，与儿子周米京及两个女儿同去三亚旅行。

2013年春，与大女儿、小女儿同赴扬州瘦西湖旅游。

2013年夏，与大女儿、小女儿一起到北戴河海滨度假。

2013年夏，与群友游龙口南山和烟台蓬莱阁景区。

2014年2月，与儿子周米京及两个女儿三家同游哈尔滨冰雪大世界及牡丹江雪乡。

2014年冬，与续妻安南受在美国进修的小女儿之邀，赴佛罗里达、加勒比海等地旅游，其间应定居美国的小妹周心丽之邀，在其家做客一周，共度平安夜，之后同游奥克兰、新奥尔良等地。

2014年夏，受大女儿之邀，同安南赴东欧旅行。

2016年1月，挚友吴建生手术后居家休养，特邀其夫妇赴京一聚，同时邀请榆林挚友赵建国夫妇陪同，三家已是半世纪的深厚情谊。

2017年8月29日，挚友吴建生过世，让他倍感岁月无情。

考察佛罗里达大沼泽自然保护区

柳絮

柳絮非絮，实为柳树的种子。柳树的种子非常小，带着白色的绒毛。柳树依靠风将自己的种子传播出去，飘到远处生根发芽。

与周心澄十分熟悉的北京林业大学教授赵廷宁曾经半开玩笑地说："周老师很有女人缘！"周心澄是一个高大英俊、多才多艺、感情丰富的人，得到很多异性的倾慕便自然而然。当初刚到榆林就匆匆与米脂姑娘王芳萍结婚是这样，后面三段婚姻也是如此。周心澄的性格中"有非常复杂中的非常简单"，他对此事十分坦荡，并没有刻意"隐藏"什么，这也是他与一般知识分子不同的地方，他爱得自我、爱得真实、爱得纯粹、爱得自然，尤其是还得到了儿女的认可与祝福。

特别有意思的是，后面三段婚姻都是从网上开始的。

1998年秋，他在网上认识了国家某研究室副秘书长小鲁，两人曾有过一段短暂的婚姻。小鲁大年初一仍全情投入工作的状态和呕心沥血的敬业精神令他自愧不如，两人的爱情最终以分手结束。

1999年秋，已临花甲之年的他下决心要在"小小寰球"上留下自己的足迹，他确实需要一位如影随形的旅伴。2000年2月20日，他在网上结识笑音并喜结连理。网上结识，初次见面，尚不知姓名，笑音即陪他赴宴，举止自然，皆以为是"老夫老妻"。他笑曰："不怕我把你卖了？”其实，笑音的姐姐与他是同事，她的母亲曾任北京林学院的处长。两人能够走到一起，既有偶然性，也有必然性。

2000年年底，他俩喜迁新居，回忆起当年住窑洞、寮棚、板房且十年九搬的日子，眼前的“园圃华堂”让他感慨万千。

20世纪90年代笑音即取得驾驶证并有一辆桑塔纳轿车，她极力鼓励周心澄学车，每次去驾校均亲自接送，并陪同练习几个小时。2001年秋，他终于取得C1驾驶证，可以开着汽车自由出行了。手捧驾驶证，使他想起了当年驾牛车、手扶拖拉机和摩托车出行的种种情形，这一切简直如在做梦。于是，他信手写了一首咏叹弱草之美的诗，这首诗正好投射出他们这段生活的美好：

纤枝弱叶赋英魂，树影丛生守自尊。
暗送花香蜂蝶舞，蜗居野趣道心存。
安身立命唯抷土，饮露餐风有慧根。
野火焚身灵气在，消声屏息却迎春。

之后，他与笑音携手，走遍了国内外无数的名山大川——

2004年秋，他与笑音同游新疆高昌故城。

2005年1月，他与笑音同游福建武夷山。

2005年春，他与笑音同游香港维多利亚港。

2005年“五一”，他与笑音同游湖南张家界。

2005年秋，他与笑音自驾游坝上，共赏秋色。

2005年秋，他与笑音邀请从美国返京的妹夫丁文，三人共赴五台山。

2005年冬，他与笑音同游马尔代夫、斯里兰卡。

2005年冬，李广武率台湾代表团访问北京，其胞弟李广毅前来聚会，两人请全团成员赴昌平天龙源温泉家园度假，笑音陪同。

2006年1月，与笑音同游葡萄牙、西班牙。

2006年夏，与笑音同游美国、加拿大。

2006年6月10日，他们在纽约与小妹周心丽会面。小妹周心丽1989年赴美攻读博士学位，毕业后留在美国，在曼哈顿一个画室担任主管。

周心丽2023年母亲节画作：《妈妈姥姥——我们的守护天使》

小妹周心丽陪同他们游览了时代广场、华尔街、西点军校、百事可乐总部、尼亚加拉瀑布，等等。在华盛顿纪念碑的内墙上，镶嵌着188块世界各国捐赠的纪念石，他发现其中一块是清朝宁波府赠送的，被镶嵌在华盛顿纪念碑内的第十级墙壁上，上面刻着时任福建巡抚徐继畬《瀛寰志略》中的一段话："米利坚合众国以为国，幅员万里，不设王侯之号，不循世及之规，公器付之公论，创古今未有之局，一何奇也"，让

与笑音一起游尼亚加拉瀑布（右为留在美国生活的妹妹周心丽）

他印象尤为深刻。

兄妹相见总觉得时间不够，分别时，他深情地为小妹周心丽留下了一首词：

智断坚刚，奋进前程，跨越海关。把贤淑温婉，奉酬亲友，侠肝义胆，闯荡江山。志洁行芳，笔歌墨舞，学位赢得名画坛。今相见，看秉节持礼，不禁潸然。

当年兴凯湖边，也历尽艰辛忍苦寒。后长途跋涉，沙乡探视，佛香阁下，一聚言欢。异域遐遥，光阴荏苒，世事沧桑别梦缠。凝情处，望玄穹朗照，月霁金盘。

2006年夏，从美国、加拿大归来，他突然感到身体不适，初步诊断已患结肠癌，随之在中日友好医院做了手术。2006年冬，笑音又诊断出

1980年，周心澄在北京家里观赏小妹的画作

肺癌，必须做放疗。杭州挚友吴建生闻知，数次邀请他们前往散心，当年9月19日启程赴约。

2007年2月17日，面对时势，面对自然，面对家庭，面对自身，皆遇危难。自己肠癌未愈，笑音又患肺癌，天命如此，只能安然处之。

2008年9月4日，笑音病逝。

2008年冬，他在网上又结识了安南，再次续弦。两人初次见面，他即告知自己患有癌症，正在休养期间。安南并不在意，二人于是携手同游北海银滩，开启了另一段“莫道桑榆晚，为霞尚满天”的美好生活。

与安南一起饱览祖国的大好河山

周心澄说，网络之大，无奇不有；地域之广，近在咫尺。笑音与安南竟然工作于同一“设计院”，虽然分处北京、廊坊两地。而后安南居然从廊坊调入北京，距离北林不过2公里。

古稀

2009年9月，年逾65岁退休之后，无任何工作负担，逍遥自在天南海北不到两年，竟身不由己重新投入繁忙的科学研究之中。

2011—2015年，他又重启紧张的工作状态，主持了“吉尔吉斯斯坦水资源遥感调查和水资源数据库研建”外援项目、“塔里木河流域生态治理综合评价”重点课题、“阿勒泰地区哈巴河县土地整治规划”应用研究，前后历时5年，行迹遍布新疆12个地（市、州）。在此期间，新疆的大漠惊沙、长河落日给了他无数次的心灵震撼。他一再表示，保持全境生态平衡，特别是彻底解决塔里木河断流问题，保持水资源全流域平

2011年夏，南疆察尔齐雅丹地貌考察

2011年夏，北疆阿尔泰山深处考察

衡，应该成为新疆惠及子孙的第一理念。

南北疆考察首日抵库尔勒，他有感而发，填词《浪淘沙·2011年夏，科研考察晚抵库尔勒周海鹰总工楼兰宾馆接风》：

商贾聚楼兰，灯彩茄繁。名城幻灭竟沦湮。旷古空留残日影，败壁颓垣。

夜宴起心缘，杯酒情含。绿洲花盛赖源澜。此去追踪东逝水，万里关山。

笔者在采访他时看到，电脑里存储的3项课题文件，包括遥感地图、电子书、录像、录音、照片、年鉴等文件达到90265个，占据空间达到263GB。

由于他已经退休两年，不可能再委派工作于学院教师，只能邀请其已经毕业的博士生利用业余时间参与工作。先后参与此项研究的有：中国城市出版社贾俊姝、西北农林科技大学高国雄、徐州工程学院谭雪红、北京林业大学杨华、李颂华、尹忠东、中国农业大学李建春和从事经济管理专业的小女儿等。由于其他人都是兼职，真正全职的就他一个人，而且这些研究又都是涉及跨学科的整合性研究，他也必须不断学习。由于已经退休，没有办公室，他只能把自己的住宅开辟成办公室，

南北疆考查库尔勒座谈会

办公桌、电脑、扫描仪、打印机堆满客厅、书房和卧室。每天在家上班，然后去对门大女儿所在单位食堂用餐。

吉尔吉斯斯坦外援项目其实与中国相关。中国与吉尔吉斯斯坦跨界河流共有四条，分别为萨雷扎兹河－库玛拉克河、阿克萨依河－托什干河、琼乌宗图什河－玉山古西河、科克苏河－克孜勒苏河，在中国境内均分布在新疆的阿克苏地区和喀什地区，这四条河流进入新疆南部的总水量为54亿立方米。

随着时代的发展，信息技术、Internet/Intranet技术、数据库技术的不断完善，信息技术为数据保存提供了高效、安全、稳定的渠道，使得越来越多的企业、政府机关采用数据库信息系统保存大量的数据，提高工作效率，加强数据管理，数据库信息系统也成为众多用户的首选。

1．对吉尔吉斯斯坦数据库已有数据，包括文字、表格、图像等进行整理、筛选，以图形化的界面对其进行电子化处理，并提供了详尽的数据说明。

2．基于电子化的数据库形成一套直观、明了的展示平台，供用户浏览、查询、修改、管理，有效地提升了用户对吉尔吉斯斯坦数据的使用

效率。

本课题对吉尔吉斯斯坦1997—2011年的自然数据进行了整理，涵盖水资源、水资源利用、水资源规划、土地资源、生物资源、气候资源、农业、经济、工业、人口、商贸、交通运输、旅游服务、教育科技等各个方面，形成了368个对比数据表。另外，本课题采用WEB应用系统方式，对数据进行可视化的添加、修改、删除等管理，并且基于数据形成了直观的平台展示，总体上超额完成了任务目标。

2012年冬，哈巴河土地规划汇报后重返零下35℃的额尔齐斯河

主编

2014年年底，年逾古稀，设想新疆课题尽快结题，已拟定开春再赴新疆的计划；定居美国佛罗里达的小妹周心丽与在奥本大学进修的小女儿邀请他与续妻安南前往旅游，已定好赴佛罗里达的机票。此时，突然接到中国水土保持学会口头通知，他已被任命为《中国水土保持科学》学术期刊主编，当即赋诗一首《七律·2014年冬，受聘〈中国水土保持科学〉期刊主编已逾古稀》：

年底通知任主编，三辞难却感微寒。
北疆踏访犹心挂，南美邀游已箭弦。
桃李盛时甘坐静，雪霜多后却浮喧。
举头天外悬钩月，莫想盈亏顺自然。

人生不可能事事如意，但俯仰沉浮，“顺其自然”是他的人生理念。

2015年4月9日，《中国水土保持科学》编委会换届暨第四届编委会第一次会议在北京召开，中国水土保持学会吴斌秘书长向他颁发主编聘书，之后，他又向与会的各位副主编和编委分别颁发聘书。

会上，他以《创新求变，特色办刊》为题发言，主要提出三点意见：

1．把论文分栏刊登，提出分为“基础研究”“应用研究”“开发研

吴斌秘书长颁发主编聘书

究”“工程技术”“学术论坛”“研究综述”等栏目，以优化办刊模式。

2．强化专家办刊理念，积极利用“互联网+”平台，加强作者、编辑、专家交流，注重水土保持科学技术化和数字化的发展。

3．提倡刊登“水土保持”跨学科（交叉学科）与“智能化”论文。

在编委会和编辑部的努力下，刊物的影响力逐年提升。2015年入编北京大学《中文核心期刊要目总览》，2020年入选Scopus数据库，2022年被英国CAB文摘数据库收录。

当今科学技术高速发展，数字化、智能化、交叉化日新月异，他们这一代要追赶时代的步伐，需要付出艰苦卓绝的努力。他深感岁月不饶人，迫切需要把主编职务交给年轻一代。因此，数次请辞，但均无结果，见《临江仙·2019年秋，〈中国水土保持科学〉期刊年会请辞主编无果》：

弹指又临秋暮，寒晖鬓染霜斑。依然牵勉展风颜。放言堪忍笑，耄耋摆英年。

怀袖初衷黎庶，终生好梦难圆。闲云野鹤现今鞭。三辞仍案览，一味向茶禅。

《中国水土保持科学》学术期刊封面

笔者2023年4月采访他时，他已虚龄80岁，按照中国传统即将迎来八十寿辰。他说，现在仍在主持北京北林丽景生态环境规划设计院有限公司的工作，仍然担任《中国水土保持科学》主编，今年无论如何都该结束了。

他重返杨陵，参加《中国水土保持科学》期刊年会，转眼之间近40年过去，自身和眼前风物已非昔日。见《七律·2017年秋，参会重返西北农林科技大学感怀》一诗：

十年巨变眼朦胧，小镇故居难觅踪。
举袖成云街市旺，流光溢彩夜星融。
楼台水榭环塬建，学子花丛术业攻。
晚宴传杯聊旧事，情深更比酒香浓。

同门

1987—2009年，周心澄先后被聘为硕士生导师、博士生导师。前后20年时间，先后带出几十个硕士、博士，后来由史常青博士建立了“周师同门群”，主要成员是北京林业大学的硕士、博士，竟然多达37人，群内交流活跃至今。在新冠病毒疫情之前，大家几乎每年都要举行一次聚会活动，一到每年的7月4日，还会组织“周师同门”给他过生日，令他十分感动。

这些硕士、博士分布于国内外十几座城市，都已是单位的骨干，有的成为司局级领导，有的已被评为二级教授，有的成为企业家。然而，在群内无论年龄大小、职位高低，均置之于外，相聚一起宛如兄弟姐妹。

2014年7月4日，“周师同门”宴请恩师，想深入了解他从前的生活，他以一首《念奴娇·2014年7月4日，古稀抒怀》作答：

斗转星移，谈笑间，风雨催生白首。大漠狂飙袭陋室，围炉青梅煮酒。古韵关中，行吟渭水，万里惊涛吼。神州纵横，不知寒暑更漏。

年暮回归京都，故居残败，依旧烟波柳。亭榭华灯融夜色，歌舞把盏挚友。儿女有成，红裙长伴，荣辱远身后。秦江汉月，自驾古今参透。

2019年夏，他的硕士、博士学术研讨会在锡林郭勒举行，桃李满天下的他写下一首《临江仙·2019年夏，“周师同门”学术会弟子在蒙锡雅饭店设宴感怀》：

“周师同门”欢聚，怡情夜宴兰襟。“敖包相会”马头琴。悠扬弹旷韵，飘逸奏知音。

自述征程风雨，扬鞭殊路研寻。学无止境探幽深。吉祥融哈达，笑语醉行斟。

读者不妨听听其弟子是怎么看老师的，虽然其中不乏偏爱之词，但我们依然可以从中发现周心澄“智者、仁者”的品格：

“周师同门”在锡林郭勒举办学术研讨会

徐州工程学院谭雪红：导师渊博的学识、严谨的作风、宽阔的胸怀，尤其是高瞻远瞩的学术思想，将使我终生受益。

中国林业科学研究院胡淑萍：导师不仅知识渊博、治学严谨、思想活跃、思维缜密，给学生以知识的传授启迪，而且严于律己、宽厚待人，给学生以做人的言传身教，真正体现出了“学高为师，身正为范”的导师风采。导师达观进取的生活态度和为人处世的大家风范，对我影响至深，是我今后一生都要学习的。

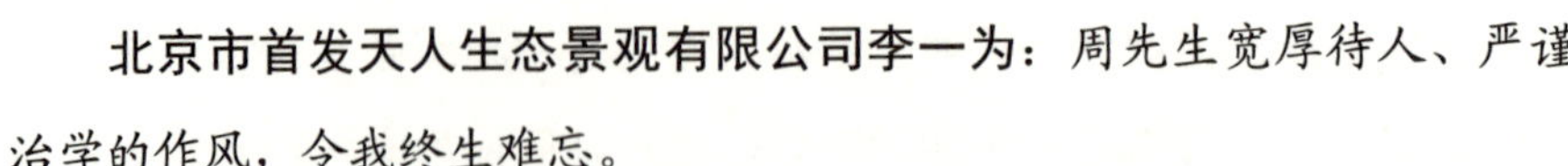

北京市首发天人生态景观有限公司李一为：周先生宽厚待人、严谨治学的作风，令我终生难忘。

内蒙古农业大学汪季：周先生渊博的学识、严谨的作风、宽阔的胸怀，师长加慈父般的情感，高瞻远瞩的学术思想，将使我受益终生。

中水北方勘测设计研究有限责任公司李江峰：导师渊博的学识、严谨的学术作风、高瞻远瞩的学术思想、宽厚的待人胸怀、乐观的生活态度，将使我终生受益。

河南省水利科学研究院马志林：周先生波澜壮阔的人生阅历和独特的人格魅力使我终生受益。能师从于先生，是我人生中的一大幸事。

中国城市出版社贾俊妹：周先生不仅把我领进了水土保持研究的大门，还为我展现出了一种心胸豁达、乐观向上、关爱生命、善待他人的人生境界，他既是一位让我景仰的严师，又是一位使我倍感亲切的长者。博士学习生活的三年间，由于我愚钝懒散，没能学到先生的“半成功力”，但他严谨的治学理念、富于感染力的人格魅力带给我的影响，足以让我受益终生。

长江水利委员会水土保持局孙长安：周先生严谨的治学态度、勇于创新的敏锐思维方法、深厚的学术素养，都值得我终生学习。

华北水利水电大学吴卿：周先生从事水土保持与荒漠化防治教学与科研30多年来，取得了多项科研成果，在学术界享有盛誉。周先生为了水土保持与荒漠化防治事业的发展，呕心沥血，不辞辛劳，培养出了一批又一批栋梁之材。如今，周先生的弟子遍及全国各地，多数学生已经成为学术界的精英，可谓桃李满天下。近年来，作为生态环境工程专业和工程绿化专业的博士生导师，为培养出高水平、高层次的专业人才，周先生仍在辛勤工作，悉心育人。作为治黄科研工作的一员，能有幸成为周先生的弟子，我不胜荣幸。

北京圣海林环保科技股份有限公司赵方莹：大学毕业十年后重回校园，踏上自己求学的又一段旅程。两年半的时间有些匆忙，但在这短暂的历程中，我完成了相关研究和博士论文的撰写，得到更多的是与老师、同学相处对自身心灵的升华。在这里，我首先要感谢我的导师周心澄教授，周先生豁达开朗、知识渊博、文采飞扬、笑谈人生、指点江山，对我影响至深。

北京林业大学史长青：周先生实事求是的科学态度和开拓创新的精神风貌，深深感染了我。他宽厚待人、严谨治学的作风令我终生难忘。

内蒙古林业科学研究院张文军：导师的关怀让我感到温馨而舒畅，导师的教诲让我受益终生，导师的为人是我永远的榜样，导师豁达的心境和稳健的作风成为我生活和工作的典范，导师渊博的学识、敏锐的思维、严谨治学的态度给我以科研和治学方面的启迪。

北京市水务局毕小刚：周先生实事求是的科研态度和开拓创新的科研精神，博大的胸怀、独特的人格魅力，使我在人生道路上终生受益。

西北农林科技大学高国雄：周先生是我在科研、教学工作上的领路人。自1990年毕业以来，一直师从于先生，先生的言传身教对我有潜移默化的影响，使我终生受益。先生在学术上具有渊博的学识、敏锐的思想、超前的意识、缜密的思维、严谨的态度，在工作上具有坚韧的毅力、奉献的精神，在生活上具有开朗的性格、豁达的态度，尤其是在为人处事上具有宽广的胸怀。先生在各方面均堪为楷模，永远值得我学习。

中科谱光信息技术有限公司张彩霞：周先生不仅知识渊博、思维缜密，而且总能给弟子以关键性的启迪，他传奇的人生经历和豁达的人生态度必将影响我一生。

北京市水土保持工作总站李世荣：周先生知识渊博、思维敏锐、治学严谨，他实事求是的科研态度和开拓创新的科研精神，使我坚定了对科研事业的信心和决心；先生博大的胸怀、独特的人格魅力，更使我在人生的道路上受益终生。

西北农林科技大学樊金拴：恩师渊博的知识、敏锐的科学思维、严谨的治学态度、诲人不倦的工作作风和无私的奉献精神深深地影响着

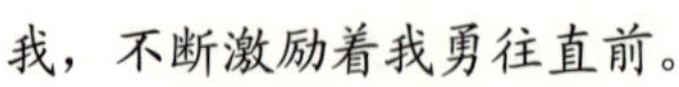

我，不断激励着我勇往直前。

内蒙古林业大学许丽： 周先生不仅知识渊博、治学严谨、思想活跃、思维缜密，给学生以知识的传授启迪，而且严于律己、宽厚待人，给学生以做人的言传身教。导师达观进取的生活态度和为人处世的大家风范，对我影响至深，是我今后一生都要学习的。

深圳市水务局郑佳丽： 导师周心澄先生知识渊博、思想活跃、思维超前、治学严谨、严于律己、宽以待人，深深地影响着我，使我在各方面都受益匪浅。

北京林业大学庞有祝： 在攻读博士期间，我与周先生既是师生又是同事，他渊博的知识、活跃的思想为我所敬佩，他乐观的生活态度、宽厚的待人方式让我折服。

北京市水利科学研究所李文忠： 作为一名基层工作人员，能够成为周先生的弟子，不胜荣幸。导师渊博的学识、新颖的观念、敏锐的思维以及宽厚待人的态度、严谨治学的精神等，都给我留下了深刻的印象，令我终生难忘。

对弟子，除了关注思想上的提升之外，他还特别要求大家练习好表达能力。一个是笔头表达能力，一个是口头表达能力。他说，表达能力不好，再成功都不算最成功，其苦口婆心溢于言表。

对弟子，他并不要求处处争第一，却要求“紧跟第一，关键时刻要敢于冲第一”，其中所包含的经验与智慧，都值得反复琢磨。

不少导师将学生作为免费劳动力，周心澄有很多弟子，但他从来不这样。他家里有很多书柜，有客人到访时发现他一个人在屋里费力地挪动书柜，便问为什么不叫几个学生来，他摆摆手坚决地表示，“自己能干的事，尽量不要麻烦别人！”

他说，弟子对他的深厚情谊，常令他感今怀昔。尽管最后一位博士取得学位至今已过去15年，年龄最大的博士已经65岁，仍在“周师同

周心澄与弟弟周心慧夫妇、子女三家合影

周心澄孙女主持寿宴，亲朋一桌、弟子两桌

门”群交流不断。他癌症住院期间，两位已经毕业的博士抽暇彻夜守护于病榻，令他感动不已。

2023年夏，周心澄八十寿辰，他数次拒绝举行任何仪式，但无奈弟子和子孙的情深意切，只能听之任之。但他提出两点要求：一是知道的人越少越好；二是拒绝接受任何礼物。

寿宴在北京蟹岛举行，除了在京的弟子和友人，竟还有人从天津、内蒙古、陕西专程远道而来。 因拒收礼物，弟子与亲属竟不约而同地分别以现代艺术手法制作了巨幅周心澄画像和精美的签名画板。寿宴由周心澄孙女主持，会场还播放了西安、乌鲁木齐门生远程祝贺的视频。这种二三十年的深情厚谊令周心澄抚今追昔，感慨万端。

八十寿宴之后，他填词【水龙吟·八十舒怀】：

梦回八十春秋，儿时后海清风柳。
苍颜倒影，人非物是，沧波依旧。
而立飘沦，迎风边漠，放歌纵酒。
又行吟渭水，楼观道阁，法门寺，君知否。

岁月峥嵘参透，九衢尘，心澄空有。
云舒云卷，花开花落，自然迎受。
安适凡间，超然物外，不知更漏。
望夕阳晚照，霞姿月韵，畅怀今后。

米京

陕北生长民歌、生长爱情，也生长英雄。周心澄的儿子周米京就是在这种环境下长大的，这既让他自豪，有时也让他担心甚至无奈。

周米京记事是从榆林米脂外婆家开始的，也因此继承了不少陕北人的秉性。众所周知，陕北是当年的革命根据地，是红军经过二万五千里长征才寻得的一块安身立命之处。要革命，就要舍得拼命，这是当地特有的一种“文化”。这种风气一旦形成，在战争年代是优势，在和平年代却会惹来很多麻烦。

小时候的周米京特别“尚武”，特别喜欢“惹是生非”，这也成了周心澄的一个心病。连批斗大会都不怎么在乎的周心澄，把一生当中唯一的一次哭泣给了自己的儿子。无奈之下，周心澄不得不托人将儿子送进榆林县体工队，让他在那里学打乒乓球，以使其在充分释放能量的同时，尽可能少在外面给自己捅娄子。

周米京回忆道，父亲很少批评自己，做错了也只是说说道理。他理解孩子，在他眼里，男孩儿打架是再正常不过的事了。

有一次，周米京腿上起了一个疱，他问儿子想不想去医院，儿子回答说“不愿意”，他便自己动手“割疱放脓”，然后止血消毒，几天之后，孩子又生龙活虎地下地了。

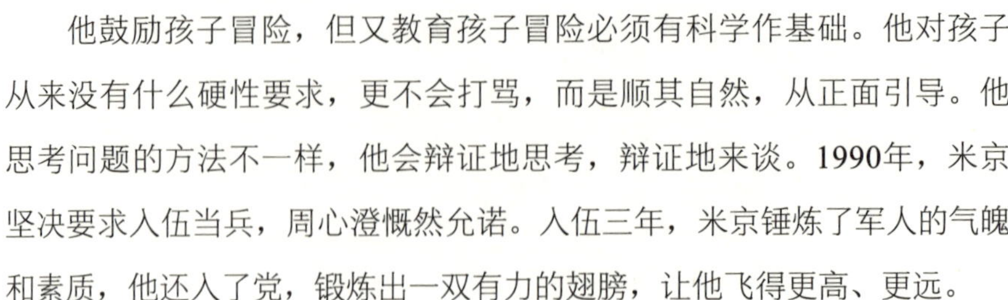

他鼓励孩子冒险，但又教育孩子冒险必须有科学作基础。他对孩子从来没有什么硬性要求，更不会打骂，而是顺其自然，从正面引导。他思考问题的方法不一样，他会辩证地思考，辩证地来谈。1990年，米京坚决要求入伍当兵，周心澄慨然允诺。入伍三年，米京锤炼了军人的气魄和素质，他还入了党，锻炼出一双有力的翅膀，让他飞得更高、更远。

5岁时的周米京在榆林苗圃留影

米京入伍两年后回家探亲与两妹合影

男孩儿就是这样，小时候越是调皮捣蛋，长大了反而多有出息。长大以后，有勇有谋、重情重义、敢做敢当的周米京成了父亲的光荣与自豪——儿子用另一种方式，将父亲的事业做得更大了。

谈及自己的丈夫周米京，妻子侯波的欣赏之情溢于言表："他为人讲义气，所以朋友多。他做事有主意，胆子也比较大！"

如今的周米京，谈话间时不时会爆出一个金句，令人猝不及防又拍案叫绝，比如，"存在就有缺陷""将任何东西细分到极致，便只有一个优点，其余都是缺点""作为企业家，财富与自己无关，只与企业有关"，其思考之深邃，显然得了其父真传。

继儿媳侯波获得管理学硕士学位之后，儿子周米京也获得水土保持专业硕士学位，这让周心澄兴奋不已，一首《满庭芳·2003年夏，继儿媳侯波之后，儿米京亦获硕士学位感怀》道出了他当时的开心与自豪：

秦岭峰高，渭河水远，跃飞苍宇雄鹰。旷怀遥望，鸾凤唱和鸣。并蒂莲花盛放，荷塘内，寥若晨星。相携手，穿荆度棘，万里踏征程。

勤耕，鸿鹄志，朝经暮史，挂角囊萤。忘忽几春秋，漫步闲庭。晓悟书山有路，攀登处、云淡风轻。提名后，开基创业，岁月更峥嵘。

米京夫妇经常通宵达旦地学习，后均获硕士学位

之后，儿子周米京的陕西绿诚生态技术咨询有限公司一步一个台阶，越办越好。一首《沁园春·2016年夏，儿米京“绿诚生态技术咨询有限公司”蒸蒸日上感怀》成了他对儿子深情的诉说：

有好儿郎，平地楼台，创业兴昌。忆陈年旧事，放神消落，朝辉晚暮，失落彷徨。伏翼拥偎，舐犊怜爱，一旦过分须考量。别离后，或伤时感事，举步彷徨。

休慌。前路晨光，既独立男儿当自强。看苍鹰雏育，觅食口喂，山狐崽护，舍命身防。翎羽趋丰，腰身渐壮，撕咬驱离换硬肠。天辽阔，欲搏击山海，振翅腾翔。

1997年，失去妻子之后的周心澄回到了他魂牵梦萦的故乡北京，但儿子周米京却坚持留在陕西杨陵，他更习惯这里的一草一木、一砖一瓦。他除了在西北农林科技大学继续父亲原来的教学工作之外，还创立了在西北地区处于领先水平的水土保持公司——陕西绿诚生态技术咨询有限公司。这家独具优势的公司从一诞生起，就具备了某种与生俱来的使命。

随着年龄的增长，周米京与父亲越来越像，他也越来越理解父亲、尊敬父亲。他将父亲半个多世纪以来所写的1000余首诗词付梓，他还想赶在父亲80寿辰时送他一本书——亲人及弟子们所写的回忆文章，以及一部有关他传奇一生的纪实作品，这也是本书的起源。

周米京与父亲最像的有三点：

一是他们父子俩都有勇有谋，只是父亲谋在勇前，一言九鼎，儿子则是勇在谋中，边勇边谋。只有真正了解他们的人才懂得，他们都绝不做有勇无谋之事，有时看起来极其勇敢的事情，其实也是谋的一部分。

二是他们都重情重义，特别愿意帮助他人，别人也反过来愿意帮助他们，他们的朋友遍天下，无论走到什么地方，都是高朋满座。“助人为乐”这一人生信念，一直伴随着他们父子的整个人生。一首《我的朋友》让人们知道，父子俩为什么能够赢得那么多友谊：

我的朋友
都是天上的星星
越是黑暗
他们就越亮

我的朋友
都是沉淀的土壤
越是杂成
他们就更营养

他们是
衣食住行
他们是
日月星光

三是他们父子俩都是诗人，只是父亲文言文的底蕴十分深厚，更加擅长旧体诗词，现在的人们读起来已经可望而不可即。儿子周米京则不同，他更擅长自由诗，一首《那雁从青海飞过》，是周米京出差途中的作品：

你不是候鸟
起行时
追逐的就是太阳
长安歌舞的温光
穿过戈壁沙漠
炙热地释放在青藏高原的草地上

夕阳真的很美
一群大雁在你的身后
牧羊的姑娘呀
你舞动的长袖
和七彩的云朵
告诉一群赶路的大雁
你也曾经来过

苍劲的风
是西北的汉子
烈马奔驰迎接新娘
纯洁的公主
印在青海的山水中
供奉在唐卡的卷轴里
踏着祥云
便是仙娥

一首《爱上》，是周米京对人生的感悟：

当你爱上注定会受伤
你爱得越深伤得越重
接受或者就不去碰是最好的选择
你有七情还有六欲
你有五脏还有六腑

当你爱上注定会受伤
爱上美酒的那一刻
注定伤肝伤胃

爱上香烟的那一刻
注定伤心伤肺
爱得越深伤得越重

可以去反抗
学会跑步

避免拖着沉重的腿和疼痛的伤
去看日出或者你爱的夕阳

许多的美不可碰触
玫瑰有刺云里有雾
一颗心也被分隔了心房
就是热血
出去时沸腾回来后心凉
几千年
谁能放弃自己的爱
谁又能丢掉爱的伤

孟子有言："孝子之至，莫大乎尊亲。"周米京不仅在生活上竭尽孝道，而且在精神上给予慰藉。诗词集《笔韵流年》一书，周心澄原本想自己印刷送给子女和亲友留个念想，也是周米京联系友人公开出版，本书的出版也是周米京鼎立支持。

此外，周米京教育、培养女儿传承了他父亲的"独立"理念。他女儿有着超强的"独立"精神，现已在攻读博士学位。平时居住在爷爷家中，她不但将自己的居室收拾得井井有条，还关心爷爷的生活，并维修电器、采购所需、开车出行及炒菜做饭等等，全都自立而为。开车组织

周米京在其创办的绿诚公司办公室

同学出游，活动时间、地点、路线及内容都由她设计、安排。他们一家三口离京时，安排行程、订购机票和收拾行李，均是女儿在自己室内默默为之，父母在客厅看电视，不闻不问，就连爷爷也看不下去了。

周心澄多次对亲友说：“如果不是我只身返京，把三个孩子留在杨陵独立生活，他们绝不会有蒸蒸日上的今天！”

双凤

周心澄的两个女儿皆获得博士学位，这是周心澄最可告慰发妻王芳萍的。

1996年3月8日，大女儿直读硕士研究生，一晃七年过后，获得博士学位。1994年9月，小女儿考入大学，学习期间即入了党，成为优秀学生，2007年6月，也获得博士学位。两女儿的成就又激起了他对往昔生活的回忆：

风卷流沙，鸟啼枯树，从未哀叹凄凉。夏食陈黍，冬用菜酸汤。蓬牖茅椽雨漏，境遇冷，那又何妨。还常念，匡衡凿壁，车胤借萤光。

休殇，登临处，凌霄塔顶，高望穹苍。远迁至京都，重理梓桑。紫气南来运转，华堂内，也视凡常。行其道，不移矢志，终化两凤凰。

2018年夏天，周心澄与两个女儿自驾游晋陕蒙。在陕北发妻王芳萍米脂老家的窑洞内，女儿声声呼唤母亲，令他几欲心碎。

他回忆起发妻临终遗言：你一定要好好对待三个孩子，让他们高兴地生活啊！他感慨系之，填词《御街行・追思余之米脂发妻》：

周心澄的两个女儿

还归又见砖窑院，睹旧物、神飞远。沉疴悲苦竟仙游，枯泪幽思难断。灵犀知预，心香鸾影，哀痛空期盼。

当年冷夜留遗愿，语切切、声凄婉。箕裘相继已昭然，

大女儿小时候的样子

2003年3月，周心澄与笑音一起祝贺大女儿（右一）被授予博士学位

小女儿小时候的样子

2007年6月，周心澄祝贺小女儿被授予博士学位

儿女功成行满。安居桑梓，仰天呼唤，迟早能相伴。

如今，两个女儿“功成行满”，周心澄说：“她们的孝心甚至时常令我不安。几乎每个星期休息日和节假日均全家前来探视、聚餐，给我购置的衣物多到塞满衣柜。他们知道我生活宽裕，给我钱会当面拒绝，大女儿就送信用卡，小女儿则把钱藏于抽屉等地方，离家后才电话告知。”

远望

将近80岁的周心澄回望几十年职业生涯，他已经超越自己，看到了更远的地方，进入“其大无外，其小无内”的太极世界。他借斯蒂芬·威廉·霍金的话说：“宇宙的时间是有一个起始点，由宇宙奇点大爆炸开始，大爆炸之前没有时间可言。”

这几十年来，他国内国外、大江南北、雪山戈壁、森林古刹，一生算是“画了一个圆”：一人离开北京，又一人回到北京，其间道路坎坷，虽九死一生，但依然故我，无论边陲大漠还是灯红酒绿，皆各得其乐。文字游戏，电脑消遣，丹青把玩，自驾周游，寄情山水，怡然

全家福——2011年三亚蜈支洲岛合影

自得，一切皆“道法自然”。虽经几番生离死别，却依然对生活抱有热情，爱摄影，爱画画，爱旅行，爱写博客，爱写诗词。他不想当官，却当了一辈子大大小小的官。你不想要的偏跟着你，你想要的偏又不来，人生原来就是这么“相反相成”。

当被问及“人的一生什么最重要”时，他答曰“自我”，他所谓的“自我”正如苏轼所言，是“渊明形神自我，乐天身心相物”的自我。他少年怀才，却历经坎坷而又痴心不改，从未追求过名誉，名誉却不曾远离他。

也许这一切都不重要，没有失去自我最重要，这才是他最引以为傲的地方。

2001年8月，国家正式将麻雀列入了保护动物名录之中，令人感慨系之。是是非非，关键还是看人类认识世界的眼光。“微妙玄通生态链，一朝断裂剩悲鸣”，我们时刻都不能忘记，人类是生活在一个一个系统当中，构成系统的每个要素之间关系是十分复杂的，就系统而言，人是不能够改变它的，要按它固有的规律办事，至少在今天的科技条件下是这样。

2005年3月22日，他创办了北京北林丽景生态环境规划设计院有限公司。

2011年，他在北京林业大学水土保持学院设立了“水保学院丽景奖学金”。

2018年，在扑杀麻雀运动60周年之际，故地重游，又勾起他对往事的回忆。2020年，他写下了一首《满江红·2018年春，登北海白塔见群飞麻雀忆旧》：

六十年前，三日夜，轮值此处。狂啸吼，大张旗鼓，撼山拔树。麻雀哀鸣星雨落，天公嗟叹阴云布。令悲憾，数百万人怀，何情愫。

凡尘客，无一诉。今睹物，犹酸楚。塔墙栖弱羽，可知容恕。香屑撒台含善意，舒心展翅仍惊顾。地球村，远古育生灵，须相护。

2020年秋，他设立“水保学院丽景奖学金”届满10周年，水保学院领导专程前来祝贺。

2021年春，他在诗词集《笔韵流年》的跋中这样总结自己的一生：“我之平生，面对‘莫须有’之牢狱之灾，面对野外考察之卓绝艰险，面对中年丧偶之切肤之痛，面对身罹癌症之不虞之变，然皆能困知勉行，守时达变。”他希望借此书的出版，能够“激励自己及晚辈，永葆旷达的胸襟”。

新冠病毒疫情期间，看到瘟疫横行，封城闭户，作为一名科学家，他一再强调说：“人在自然规律之下。在宇宙中，人是十分渺小的。”

他十分认同理查德·普莱斯顿的观点：对地球而言，人类就是一种寄生生物。人类群落无限扩张和蔓延，带来了全球变暖、物种灭绝、森林消失、水体污染、土壤腐蚀、垃圾围城、雾霾压顶等恶果。为此，地球启动了针对人类的免疫反应，而病毒可能就是大自然的清除手段。

疫情期间，他重游了天坛、地坛、日坛、月坛，拍摄了大量照片。

笔者看到，他在朋友圈发了许多图片及文字：

天坛祈年殿

地坛钟楼

逛了京城四坛——天坛、地坛、日坛、月坛，真为古人之“自然观”“天地观”所折服。天圆地方，天南地北，正是天坛、地坛的形态和地理位置。

“天圆地方”的思想隐含着“天人合一”的精髓：由于万事万物从无到有的过程，都和天地间的能量变化有着密切的关系，因此古人认为应当“天人合一”，才能顺应不断变化的自然规律。

成、住、坏、空指的是四劫，此系佛教对于世界生灭变化之基本观点。佛教之宇宙观中，一个世界之成立、持续、破坏，又转变为另一世界之成立、持续、破坏，其过程可分为成、住、坏、空四时期，称为四

日坛祭日壁画

月坛太液琼台

劫。从现代科学来看，我们所见到的日月星辰，我们所在的太阳系，我们所居住的地球，都摆脱不了“四劫”，只不过是以“亿年”计罢了！

后来有朋友问他，太阳系的“四劫”没听说过，能否请你解释一下。于是，他在朋友圈发表了如下见解：

> 宇宙起源于138亿年前的奇点大爆炸，这场浩大的爆炸诞生了宇宙，有了物质，有了时间和空间——这就是“成”。
>
> 我们所在的太阳系，包括我们所居住的地球，其形成和演化始于46亿年前一片巨大分子云中一小块的引力坍缩——这就是“住”。
>
> 大约50亿年后，太阳将走到生命的尽头，演变为红巨星，将并吞包括地球在内的所有行星，太阳系将不复存在——这就是“坏”。
>
> 最后，吞了所有行星的红巨星，大约经过10万年的时间，坍缩成一颗白矮星——这就是“空”。
>
> 银河系、太阳系、地球都是如此，你阅历的万事万物，无不成、住、坏、空，渺小的人更是如此：诞生——“成”，成长——“住”，死亡——“坏”，火化——“空”。

如此想来，从诞生到火化，心中空明，顿生禅境。

尾声

2018年6月，在离开榆林35年后，他当年当过站长的榆林县治沙试验站已经变成榆林市榆阳区草原工作站，单位派员与电视台、报社的记者一起，专程到北京采访他在榆林的“治沙旧事”，说是“大家至今犹记得您的贡献”，诚挚地邀请他回去看看，令他感慨万千。这是他在北京接受记者采访之后写下的一首诗《七律·2018年秋，接受榆林采访感怀》：

当初瀚海漫尘烟，巨变苍林卷碧澜。
镇北台墙题壁赋，红石峡谷写容观。
青春洒汗随流岁，鹤发忘怀不记年。
感叹沙乡犹念我，心驰热土梦联翩。

多年来，不时有人送来榆林的名吃或传来旧友的消息，这一切都让周心澄“旧梦忆微茫”。

从1969年1月分配到榆林整整50年后，也是在他离开榆林37年后，他没有想到，《绿色记忆——榆阳治沙七十年实录》中的第二篇竟然写的是他，题目叫作《榆阳永远铭记的“绿色使者”》，这一切让他思绪

1976年秋拍摄的毛乌素沙漠

2018年夏小女儿及外孙在镇北台远眺毛乌素沙地

万千。

他在榆林14年，不但成家立业，养育了一儿两女，还获得了国家级、省部级奖，抚今追昔，可谓五味杂陈。于是，他决定乘暑假期间，携儿带女，全家人一起驾车重返榆林，重回自己职业生涯的起点去看看。

中华人民共和国成立70年来，通过防风固沙、封沙育林、造林绿化、机械固沙等，使得榆林境内860万亩流沙全部得到固定或半固定，陕西的绿色版图因此向北推进了400余公里，成为我国第一个完全“拴牢”流动沙漠的省份。据第五次荒漠化和沙化监测结果显示，榆林市沙化土

2018年周心澄重返榆林时这里已经旧貌换新颜

原来六间平房的治沙试验站已经焕然一新

地治理率93.24%。以前每年发生30多次的沙尘暴已经几乎不再发生，年扬尘天气由100多天减少到10天以下。榆林市植被覆盖面积、林草覆盖面积分列全省第一、第二位，空气质量指数连年位居陕西前列，曾经风沙肆虐的不毛之地已成为人与动植物的宜居之地。

靖边县红墩界乡就是被湮没于沙海之中的大夏王朝都城——统万城的所在地。全乡42万亩地原来几乎都是流沙，那里的农民由于被风沙驱赶，几度南迁。经过多年的造林种草，现在林草覆盖率已经达60%。59岁的保安刘立升做梦都没有想到，自己小时候参加过植树造林的荒滩沙

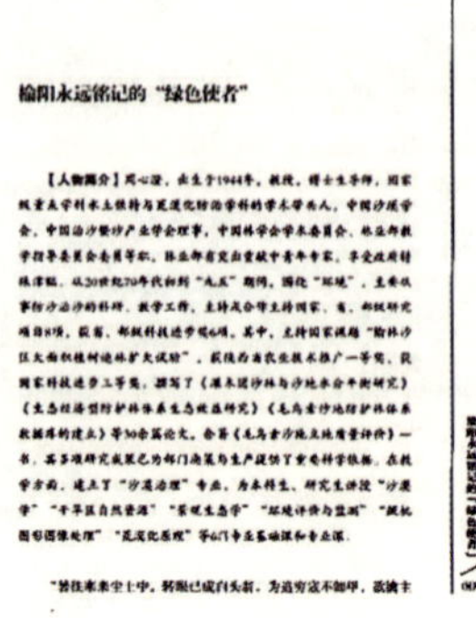

榆阳永远铭记的“绿色使者”

榆阳区林业局出版的新书《绿色记忆——榆阳治沙七十年实录》

地会变成森林公园，“我十来岁的时候就在这里植树，那时候全是沙丘，白天一刮风，屋里就得点灯，现在刮风很少有沙子了。”

榆林的治沙成果被联合国誉为中国人创造的又一个世界奇迹。专家认为，榆林毛乌素沙漠植被恢复快、效果好，是中国北方荒漠化防治的典型，可以作为半干旱地区沙漠沙地治理的示范与培训基地。

站在榆林镇北台高处俯瞰，曾深受毛乌素沙漠侵害的边塞之地，到处郁郁葱葱。官方文件显示，榆林荒漠化和沙化好转的主要原因有以下四点：

一、启动实施了一批防沙治沙重点工程。进入21世纪以来，国家实施了六大林业重点工程、草原保护和建设工程、水土保持项目、内陆河流流域综合治理项目等一批有关防沙治沙的工程项目。

二、构建了以《防沙治沙法》为主的法律和政策体系。2000年以来，国家相继颁布了《防沙治沙法》《环境影响评价法》《森林法实施条例》等法律法规，修订完善了《草原法》，下发了《国务院关于禁止采集和销售发菜 制止滥挖甘草和麻黄草有关问题的通知》，出台了一系列惠农治沙政策措施，有效地保障了防沙治沙的顺利进行。

三、坚持科学治沙。遵循自然规律，因地制宜，采用生物农艺和工程措施综合治理人工恢复与人工促进自然修复相结合，同时加大了对现有100多项适用技术和模式的推广和应用力度。

四、降水相对偏多，有利于植被恢复。近年来，西北干旱区降水相对偏多，较常年增加30%～50%，对于植被恢复和人工治理成效的巩固和提高起到了促进作用。

榆林真是一个神奇的地方，正是从周心澄离开的1984年起，一条“陕北有煤海，优质易开采”的新闻传遍全国。

榆林虽然沟壑纵横，曾经是相当苦焦的地方。不过，公平的造物主又给了陕北丰富的地下资源。经过地质工作者多年的勘探，陕北已探明的煤炭储量1400多亿吨、天然气3000多亿立方米，石油远景储量在11亿吨以上，被称为“中国的科威特”，全市已经发现8类48种矿产，特别是煤、气、油、盐资源富集一地，国内外罕见，开发潜力巨大。其中煤炭预测储量2800亿吨，占到全国的1/5，神府煤田更是世界七大煤田之一；天然气预测储量6万亿立方米，是迄今我国陆上探明最大整装气田的核心组成部分；岩盐预测储量6万亿吨，约占全国已探明总量的26%；石油预测储量10亿吨，是陕甘宁油气田的核心组成部分。

1999年，国务院正式批复榆林撤地设市，榆林因此迎来了历史上最大的一次发展机遇，先是铁路修通了，再是飞机场扩大了，之后GDP、居民年收入便以每年20%以上的速度在增长。

榆林是陕西面积最大的地级市，由于“羊煤土气”的加持，一跃成为陕西仅次于西安的第二大城市。现在的榆林人不仅不穷，而且“富得流油”，居民人均收入已经跃居全省第一，甚至进入了全国第一方阵。

前往旧居时，周心澄居然找不到曾经走过无数次的路，不得不用高德地图来导航。车窗外，高楼林立，路网如织，车水马龙，绿树成荫，让他有恍若隔世之感。他惊奇地发现，原来由6间平房、10孔窑洞组成的榆林县治沙试验站已经变成拥有一栋四层大楼和100多名研究人员的榆林市榆阳区草原工作站。

一茬又一茬人的接续奋斗，让中国的荒漠化治理充满了希望。

张生平站长为他的到来专门召开了一个座谈会，大家抚今追昔，令他感到无限欣慰：

自驾沙乡寻故庐，天翻地覆竟迷途。
荒原广厦如林立，瀚海浓荫望眼舒。
路网环穿红峡谷，亭台曲奏碧莲湖。
归家不识儿堪笑，应变安能怪老夫。

分别时，有老同事问他此时此刻的感受，他说："我在榆林14年，有风霜雪月相伴，诗词歌赋相约，亲朋挚友相陪，虽漂沦孤旅，也还心境淡然！"

想起来真有意思，后来他整理获奖证书时才发现，除了主持科研项目获国家级、省部级奖励之外，竟然还发现了一些自己忘得一干二净的奖励，如地方政府颁发的"精神文明奖""文明市民奖"，九三学社颁发的"物质文明和精神文明建设奖"，北京市总工会发的庆祝新中国成立50周年"爱国立功标兵奖"等，他实在想不起来，"这些奖真不知道是怎么发的，只有看到证书才知道。"

这时候，"周大石"的"大石"已经变为一座丰碑，"韩瀛"之"瀛"已经化作一片汪洋大海，他的心澄清透亮，而他本人，则已完全进入"老夫喜作黄昏颂，满目青山夕照明"的情境之中了。

2023年6月6日，就在本书即将向出版社提交定稿之际，传来了习近平总书记在内蒙古巴彦淖尔考察并主持召开加强荒漠化综合防治和推进"三北"等重点生态工程建设座谈会的消息。笔者从央视新闻中摘录了几段，作为本书的结尾——

习近平总书记指出，加强荒漠化综合防治，深入推进"三北"等重点生态工程建设，事关我国生态安全、事关强国建设、事关中华民族永续发展，是一项功在当代、利在千秋的崇高事业。要勇担使命、不畏艰辛、久久为功，努力创造新时代中国防沙治沙新奇迹，把祖国北疆这道万里绿色屏障构筑得更加牢固，在建设美丽中国上取得更大成就。

他强调，“三北”地区生态非常脆弱，防沙治沙是一个长期的历史任务，我们必须持续抓好这项工作，对得起我们的祖先和后代。科研工作者要把论文写在大地上，把实践中形成的真知变成论文，当党和人民需要的真博士、真专家。

他说，党中央高度重视荒漠化防治工作，把防沙治沙作为荒漠化防治的主要任务。经过40多年不懈努力，我国防沙治沙工作取得举世瞩目的巨大成就，重点治理区实现从“沙进人退”到“绿进沙退”的历史性转变，保护生态与改善民生步入良性循环，荒漠化区域经济社会发展和生态面貌发生了翻天覆地的变化。荒漠化和土地沙化实现“双缩减”，风沙危害和水土流失得到有效抑制，防沙治沙法律法规体系日益健全，绿色惠民成效显著，铸就了“三北精神”，树立了生态治理的国际典范。

他要求突出治理重点，全力打好黄河“几字弯”攻坚战，以毛乌素沙地、库布齐沙漠、贺兰山等为重点，全面实施区域性系统治理项目，加快沙化土地治理，保护修复河套平原河湖湿地和天然草原，增强防沙治沙和水源涵养能力。要科学选择植被恢复模式，合理配置林草植被类型和密度，坚持乔灌草相结合，营造防风固沙林网、林带及防风固沙沙漠锁边林草带等。要因地制宜、科学推广应用行之有效的治理模式。各级党委和政府要保持战略定力，一张蓝图绘到底，一茬接着一茬干，锲而不舍推进“三北”等重点工程建设，筑牢我国北方生态安全屏障。

附录

师恩难忘

举杯寄语天辽阔，锤炼翅翎更远翔。

——周心澄

五件永生难忘的事

戴 健

人生世间，皆是沧海一粟。时空一瞥，已过六十载。回眸半生人缘，多为匆匆过客，留在心间的，仅寥寥数人而已，周心澄先生便是其中之一。我是他的仰慕者和崇拜者，他是我的引路人。38年前，我们有缘相识于西北林学院的治沙课堂。那时，他是老师，我是学生。

记忆里，我们之间有五件永生难忘的事：

第一件

上第一堂课时，周老师身着略显褪色的蓝色上衣，鼻梁上架着一副黑框眼镜，一手插兜，不紧不慢地进入教室，立于黑板前。令人意外的是，居然未见手中有任何讲稿、资料、图书。开始讲课时，只见他随手从裤兜里取出几张卡片，信手放在讲台上，寥寥数笔，一张全国沙漠分布图即跃然而出，让同学们惊叹不已，崇拜之情油然而生。

第二件

撰写毕业论文，周老师让我明白了什么是科学研究，怎样做科学研究，为什么要做科学研究。当年的大学教育，本科还没有毕业论文一说，但周老师十分注重培养学生的科学思维和研究问题的能力，他安排我们深入林场、林区调查研究，了解生产实际，感知自然界的神奇，将课堂知识与大自然、现实生产紧密结合在一起。当时，于江、李东升、

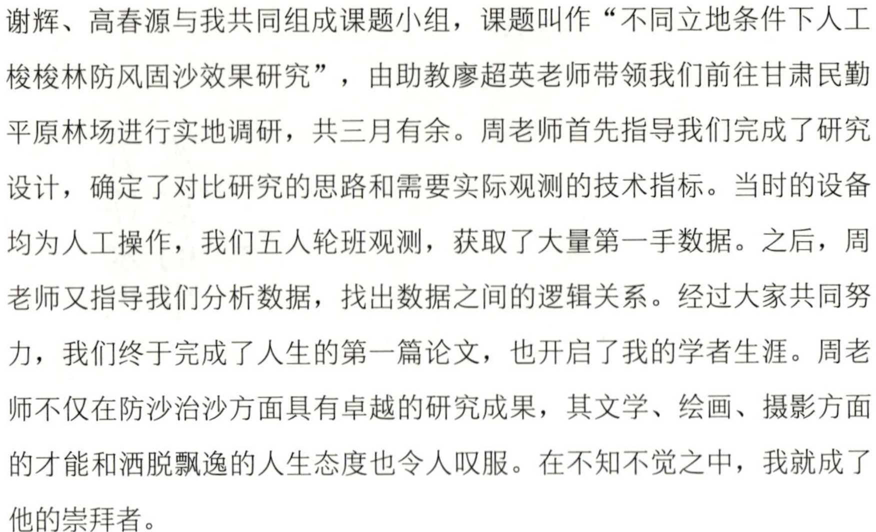

谢辉、高春源与我共同组成课题小组，课题叫作“不同立地条件下人工梭梭林防风固沙效果研究”，由助教廖超英老师带领我们前往甘肃民勤平原林场进行实地调研，共三月有余。周老师首先指导我们完成了研究设计，确定了对比研究的思路和需要实际观测的技术指标。当时的设备均为人工操作，我们五人轮班观测，获取了大量第一手数据。之后，周老师又指导我们分析数据，找出数据之间的逻辑关系。经过大家共同努力，我们终于完成了人生的第一篇论文，也开启了我的学者生涯。周老师不仅在防沙治沙方面具有卓越的研究成果，其文学、绘画、摄影方面的才能和洒脱飘逸的人生态度也令人叹服。在不知不觉之中，我就成了他的崇拜者。

第三件

在大病大灾面前，周老师泰然处之，其大丈夫气度让我获益良多。2006年，长途考察返京后，他突觉身体不适，检查后被误诊，确诊为恶疾之后，他平静如常，未见半点畏惧。上门看望，客厅有地毯，我欲换鞋时，周老师却说：“不必换鞋，地毯服务于人，人不能受制于物。”其洒脱气质常显于小事之中，令人顿悟。

第四件

周老师紧随时代，退休多年依然沉浸于专业之中，其专业知识之渊博，在业内享有崇高威望。走进周老师的工作室，首先映入眼帘的是当时最先进的电脑及应用软件，这一切均为他本人选型、购买、安装、调试甚至设计。与我们这批学生相比，周老师时不我待的精神和追随时代的技术应用，总能勇立潮头，成为我们的榜样，并鞭策我们不断学习。

第五件

命运为周老师搭建了一座人生起伏的过山车。在了解了周老师的人生经历后，人们很难不被他跌宕起伏、命运多舛的经历所震撼。当年，政治风暴将他从北京卷到塞外沙乡，但沙漠也埋不住他的才气、智慧和人格，他在那里成家立业，事业有成。年近40岁，又赴杨陵任教，我们有幸成为他的学生。离京30年后，他又重回母校，其间身兼数职，业绩非凡，直至退休。

周老师所经历的稀奇之事、惊悚之事、伟大之事、美好之事、痛苦之事，可谓跌宕起伏、丰富多彩。一生相识，虽不敢逾越师生之间的辈分，但我们早已成为忘年之交。有幸与周老师相遇相知，可谓前世修得，必将永远珍惜！

2022年9月于乌鲁木齐

难忘的人

李东升

我1963年5月出生于乌鲁木齐，1985年7月考入西北林学院，现任新疆维吾尔自治区林业和草原局副局长。

我认识周老师算是比较晚的，但他却是我人生道路上的灯塔，是我坚定从事治沙事业的引路人。

1985年，由于0.5分之差，我与第一志愿——西北建筑工程学院擦肩而过。为了能去内地上学，在家人和朋友的劝说下，我无奈地选择了西北林学院防护林专业。林学专业是林业院校的万能专业，我的入学通知书写的却是“防护林专业”，令我非常沮丧。入学后，我只求一知半解，60分万岁，把上大学当成一种找工作的方式，我因此经常逃课，上课睡觉，不做笔记。一年半的基础课很快就过去了，直到有一天上治沙课。老实说，一开始，我对这门课非常不喜欢，甚至有点讨厌。上课时，从外面走进一位身穿皱巴巴蓝布中山装的老师，而且还扣错了扣子，身材较高，身体略微前倾，带一副深色眼镜，胡子拉碴，满头乱发，没有带任何讲义，于是做好了睡觉的准备。正在这时，一声标准的京腔传到了我的耳朵，从小对首都的崇敬使我再次抬起了头，正是这一眼，让我们结下了一辈子的缘分。

周老师并没有直接讲课，他先讲了自己是如何到西北林学院来的，至此我才知道他是地道的北京人，是林业院校最高学府——北京林学院（现北京林业大学）的高才生，毕业后在陕北从事治沙事业14年。没有任何怨言，他把防沙治沙、造福当地人民当成了自己的人生追求。讲完他的人生道路之后，他开始讲沙子的好处，从古代到当代，从西方到中国，从人生到事业，从爱好到乐趣，讲得绘声绘色、妙趣横生，我不由得被他的历史和地理知识所吸引，在不知不觉中，两节课就过去了，我平生第一次对所学专业产生了兴趣，甚至盼望多安排几节治沙课。

周老师讲课从不拘泥于书本，他把人文、地理、历史联系在一起，把小小的教室变成了大礼堂，把三尺讲台变成了宽广的舞台，把枯燥的治沙专业变成了人生启示录。在他的课堂上，很多人常会笑得捂着肚子，就连其他专业的老师都慕名前来听课。

周老师授课别具一格，他在教我们做实验时从家里拿了很多食材，利用实验设备来做食品，并给我们讲解其中的道理，使我们不用死背硬记就掌握了很多技巧，我就是那时学会做果冻的。

一般来说，学生最怕的就是考试，周老师的考试既紧张又轻松，比如治沙学课程考试，他要求将书本浓缩成3000字的文章，看似没有压力，我却整整用了一周时间才完成。这种形式的考试，倒逼着我们必须把书本认真地看上几遍，否则根本无法完成缩写。

除此之外，周老师还给我们讲了很多林业上的趣事，以及林业对社会、环境的贡献，他用自己对职业的热爱教育我们学好知识，将来对社会有所贡献，对自己有所期待，对家人有所交代。从此之后，我再也没有逃过课，并认真听好每一节课，经过短短一个学期，我的学习成绩显著提升，还拿到了奖学金。

周老师不仅热爱专业，也热爱生活，他喜欢拆装电脑、电视，喜欢音乐、绘画，尤其擅长于诗词，在受到挫折时乐观的态度，更是一般人无法做到的，这一切无不让我对他肃然起敬。

周老师的课程结束之后，我们的来往从未中断。他没有架子，也不

像许多长辈那样训斥我们的缺点、错误，更多的是引导，他会让我们自己去领悟事物的真相。他常说："你们已经是20多岁的人了，要靠自己的知识去认识世界，要靠自己的能力去改变世界。"

上大三的时候，学校安排我们去火地塘实习，当时学校只有一辆大货车，也没有带队老师，作为班长的我找到了周老师，当时周老师没有做任何解释，仅仅说："一是你们班是中途去火地塘实习，学校的确有困难；二是老师都在火地塘等着你们呢。我相信你！"短短两句话，给了我很大的鼓励，我带领全班同学，顺利到达了实习基地。时间过得飞快，转眼到了毕业的时候，周老师希望我能留校协助他一起工作，我告诉周老师我想回家乡，把所学的知识贡献给自己的家乡，周老师非常理解和支持我，他告诉我："毕业后不论干任何工作都要认真对待，要热爱你的岗位，要对得起自己、家人和所学的知识，要对得起学校，只要你付出了就会有回报。"

带着这句话，我回到了新疆，被分配到新疆林科院工作。在五年的科研工作中，我没有给周老师丢脸。在取得国家科技进步奖二等奖之后，我被选调到新疆维吾尔自治区林业厅工作，从造林管理到企业管理，从质量监督到资金调度，最后进入领导班子。

工作30多年来，我始终秉承周老师的教导。工作中，我有过辉煌，也有过挫折，但对职业的坚守却从未动摇过。在临近退休之时，我要欣慰地告诉周老师，我没有给学校丢脸，没有给您丢脸，也没有给自己丢脸。此时此刻，我要衷心感谢周老师对我的无私教诲，祝愿周老师健康长寿！

2022年8月于乌鲁木齐

幸运

秦向阳

我因上大学成了周先生的弟子，如今也快到退休的年龄了。回顾几十年的学习、工作历程，过往如走马灯一样，而遇见周先生，犹如灯塔引路，成为我一生的荣幸！

周先生给我们上的第一堂课就深深地吸引了我，让我一步步地走进了先生的世界。周先生当时大概有40岁的年纪吧，但看起来很年轻，雄姿英发、活力四射，集知识渊博、作风稳健、相貌俊朗于一身，从内到外都焕发着迷人的风采！他能够把深邃的理论知识讲得深入浅出、栩栩如生。他有宽广的视野，能够用自然观、生态平衡观认识治沙事业。他讲了甘肃民勤的治沙，打井浇树，灌溉造林，结果新种的杨树活了，打井的区域却因为地下水位下降，导致原来的杨树死了。他还讲了当年治沙造林的“大木头主义”——造林就是乔木当头，结果黄土风沙区水分养分不足，大树长成了“小老头树”。在他的学术思想里，沙漠是一种自然景观，只有尊重自然、顺应自然，才能实现人与自然的和谐共生。

周先生毕业于北京林学院（现北京林业大学），被分配到陕北榆林从事治沙研究。如今的毛乌素沙漠堪称世界治沙的典范，流动沙丘不见了，治沙种树，乔灌草结合，顺应自然，恢复植被，绿色尽染，一望无际，在沙漠高速中穿行，无不为此大漠景观而震撼。这不正是周先生的

治沙理念、治沙实践吗？

我毕业后从事黄河流域水土保持的规划设计及治理管理工作，在黄土高原工作了30年时间。从黄土高原生态环境的自然、历史中汲取营养，深刻领悟到黄土高原实行自然恢复为主、自然恢复与人工修复相结合的道理。有的同学说我有几分像周先生，实际上是周先生的科学理念、学术思想深深地影响了我，他的人格魅力让我一生为之向往，且乐此不疲！

周先生总是思想超前、敢为人先。我国治沙之难首推新疆，他在20世纪80年代就开始骑着摩托车，跋涉上万公里，深入新疆进行科学考察，途中受伤也不放弃。改革开放初期，他在国家农科城杨陵第一个办起了农村经济开发研究所，主动拥抱市场经济的大潮。

周先生又是一个极具感染力的人。大学作为思想文化最活跃的地方，他在学生中享有崇高威望。他的观点新颖，见解独到，表达张力极强。凡是周先生的讲座或报告会，总会吸引众多听众，一时间报告厅门庭若市，气氛十分热烈。那些年，周先生总会以高票被师生推选为杨陵区人大的兼职副主任，参政议政，沟通校地。我结婚之初，爱人远在陕北，有了孩子更感生活不便。周先生知道后特别着急，多次带我找当地区长和局长，请他们帮助解决教职工的困难，让杨陵能够留住人才。在周先生的斡旋下，我早早就在杨陵安家了，也被周先生带到了人际交往中，真正融入了社会。

在周先生眼中，我既是弟子又是伙伴。上研究生期间，几个研究生常常坐着他的摩托车去学习游泳。周先生从小在北京少年体校学习游泳，他从憋气、潜泳再到蛙泳，一点点教会我们，我们也从“狗刨队”变成了“正规军”，后来居然敢与专业体育老师竞技。由于时间有限，周先生的仰泳、自由泳技术我一直没有学到手。我一直在校队打篮球，周先生有时也要和我们在球场上一展雄风。宽松的环境，融洽的氛围，让我们和周先生的学习交流特别轻松，我们也深深融入了他的世界。他的先进思想、宽阔胸怀、身体力行，以及永远探索的精神，一直在引领着我们，影响着我们。

印象里，自从周先生1998年从西北林学院调到北京林业大学工作之后，我们见面的机会就少了，但电话和微信一直联系不断。周先生曾经担任北京林业大学林学院院长、水土保持学院院长，成为博士研究生导师，古稀之年又出任《中国水土保持科学》主编。

周先生曾患癌症，但他从来都乐观、淡定，笑谈是非成败，惯看秋月春风，从来没有停下前进的脚步，他把自己的毕生精力都奉献给水土保持事业，没有疲倦，没有抱怨，只有向前、再向前。

在我们大学毕业纪念册扉页上，周先生写道："你有过追求，曾幻想挥舞一支擎天巨笔，给山河染上一抹浓绿。"他在鼓励我们，他在期待我们。我们一代接一代地接续奋斗，黄土高原现在由黄变绿了，他的夙愿也终于实现了！

周先生是我一生的导师，能够遇见他是我的幸运，能够追随他更是我的幸运！

2022年11月6日

莫听穿林打叶声 何妨吟啸且徐行

——写在周心澄先生80寿辰前

张宇清

1993年初夏，印象中，杨陵小镇不像往年那样燥热，学校实验大楼一层凉爽舒适。大学即将毕业的我，外出求职返回学校后，意兴阑珊，想着工作的事，想写完毕业论文后再做计议。上午10点左右，一阵摩托车轰鸣声由远及近，戛然而止，停在实验楼前，随后先生进了实验室。

当时我的本科毕业论文选题是沙蒿胶提取，先生是指导老师。实验要用大量石油醚，实验开始不久，石油醚即告罄。负责实验室的肖智老师到处购买无果，我不甘心就此作罢，想办法在杨陵一家公司仓库里找齐了所需用量，实验得以继续。当时，实验需要白天晚上连续做，实验室也比较凉快，我索性经常睡在实验室里。

先生询问了我的实验进度，了解了材料准备情况。当时购买实验材料并不像如今这样便捷，需要想方设法一家家打听，在仓库里翻找。虽说是一件小事，但自己解决了这个麻烦，心里还是有一点点得意。先生了解情况后对我说："你很有办法嘛！工作的事情如何了？"我告诉他："我不想回宁夏工作，想等写完毕业论文再说。"他问我："愿意留校工作吗？"我说："愿意！"之后就接着做实验，以为先生就是关心一下学生，随便问问。三四天后，系办公室主任高宝山老师找我谈话，要我留校工作，并告知是系主任周先生让他找我谈话。就这么一个很偶然的机缘，我留在了西北林学院水土保持系工作。

在系办公室工作一年后，我考取了硕士研究生，依然跟随先生从事植物固沙研究，相互之间日常生活、工作的交流也越来越多。先生虽然担任系主任，但与学生打交道非常随和，经常和我们开玩笑，并无大教授和领导的架子，我们这些当学生的，胆子也就大了起来，有时说话鲁莽，没大没小，先生也不介意，依旧嘻嘻哈哈。在当时非常保守的氛围中，先生的行事风格显得非常特立独行，用现在的话说，很“拉风”。他留长发，骑一辆黑色本田125摩托，大老远听见摩托车的轰鸣声就知道是他来了。

我刚参加工作的20世纪90年代中前期，学校师生关系非常密切，我们有事无事经常去先生家里，我性格大大咧咧，碰上饭点，拿起筷子就吃。师母是陕北米脂人，说一口陕北方言，待人宽厚仁和，看单身的我面有菜色，就用高压锅做红烧肉给我吃，我便成了先生家里的常客，与先生的三个子女也逐渐相熟起来，并一直持续至今。

随着与先生接触的增多，我发现他好奇心比年轻人还强，非常喜欢捣鼓一些新东西（后来我才知道，在榆林工作期间，他自己居然装配过当时榆林居民家中的第一台电视机）。20世纪90年代中前期，照相机、摄像机、电脑还是非常稀罕的物件，我经常见先生摆弄这些东西，也偶尔半借半赖他的照相机自己拍着玩。当时能拥有一台电脑是非常令人羡慕的，系里当时有一个机房，我缠着系里要了一台电脑，除了练习打字之外，还学了一点计算机初步知识，能编一些小程序。让我佩服的是，当时先生在学校里，应该是最早一批拥有电脑且用得最熟练的教授，能用电脑画图、编程计算。记得当时国家科技攻关计划项目验收时，很多人都不会用电脑，只能帮他打下手，他自己在家里光着膀子连续奋战一个月，完成了项目验收，涉及一些数学计算模型，都是他亲自学着编程

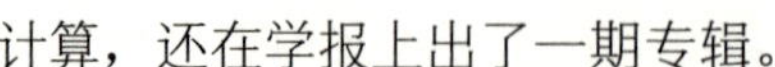

计算，还在学报上出了一期专辑。

当时很多人对先生颇有微词，但他倒潇洒淡定，不太理睬风言风语，常常不予置评，一笑了之。他担任系主任时，自己在学院没有办公室，也经常不去开会，系里日常工作均由办公室主任处理，当时学校主要领导已经习惯他的这种风格，笑着调侃：“有啥事，得到周先生床前请安！”多年后，我担任了学院领导职务，先生笑着对我说：“你现在可没我那时自在喽！”

多年后，与一位师弟聊天，说起先生的风格，我纠正了大家的一些看法。在我看来，先生表面确实如此，但洞察力极其敏锐，心思缜密，很多想法非常超前，常常语出惊人。杨陵当时的环境闭塞保守（这也是我后来下定决心离开的重要原因），他这种特立独行的风格，尤其显得与众不同，甚至格格不入。也正是在这一时期，我发现，先生虽然看起来很随意，不愿意受约束，但做事情的认真劲头、做事情的格调，与周围的老师有很大的不同。

1995年，我考取了先生的研究生，刚修完课程，还没等正式开始研究工作，师母老说自己得了肩周炎，常去学校医务所理疗，但迟迟不见效，后来在西安西京医院检查，在肺上发现了一种很少见的癌症。虽经先生多方奔走求医问药，师母最终于1997年不治去世。快30年过去了，先生喂师母吃鹌鹑蛋的时候，她虚弱得无法起坐的印象，依然深深地留在我的记忆中。

师母没有多少文化，性格敦厚贤良，与人相处非常和善。陕北一直有个说法：“清涧的石板瓦窑堡的炭，米脂的婆姨绥德的汉”。先生说师母年轻时非常漂亮，今年夏天我看到师母年轻时的照片，多多少少理解了一个京城来的大学生，如何能扎根黄沙漫漫的榆林，在师母的抚慰下，度过那段艰难的岁月。以前只知道先生是北京人，但并不知道为什么大学毕业去了陕北榆林搞治沙。师母去世后，先生和我聊了很多早年的经历，我才知道，在当时那个特殊年代，在他身上发生的那些和小说情节一样离奇的事情。

从1997年冬师母去世，直到1998年春先生调回北京前的这段时间，和以前相比，他判若两人，我能深切感受到一种沉默和悲伤。他多次和我说起离开的想法，我感觉他想离开这个伤心之地了。

1999年秋，我考入北京林业大学水土保持学院攻读博士学位，其间多数时间在西吉黄家二岔进行外业工作。2003年博士毕业后，经先生推荐，我去北京师范大学从事博士后研究工作。其间虽忙于学业和工作，但住在北林的13号楼里，偶尔去先生家里闲谈，大多时间见他都在鼓捣从中关村买来的各种配件组装电脑。就是这段时间，先生遇到了第二任师母。记得和师母陪先生一起去野三坡，微雨中，师徒二人脱掉上衣光着膀子，走在林间的石板路上，任凭雨滴打在身上仍大声嬉闹，师母笑称我们两个“像疯子”的场景。现在想起来，那个时候，先生才从此前的悲伤中走出来，找回了他乐观率性的本真。

2005年，我从北京师范大学回到北京林业大学工作。因当时住在西三旗、回龙观一带，忙于照顾年幼的女儿，常年奔波在西北地区，忙于教学、科研和管理工作，与先生平日交往少了很多，但在看望先生时，常常百无禁忌，什么都聊，经常聊到天际泛白。

2006年，又一次沉重打击降临，先生和第二任师母前后查出罹患重症，师母不幸于2008年离世。我无法切身感受先生早年在榆林的艰难困苦中是何种心态，但离开干练的第二任师母的体贴照料，加之他自身也无法预料是否能够挺过此劫，他情绪低沉到了极点，经常独自黑灯枯坐，我感受到这段时间是他人生的至暗时刻。

让我等晚辈万分佩服的是，经过一段时间之后，人生的激情和乐观又回到了他的身上。我想，他之所以能够最终挺过两次失去师母之痛和疾病之绝望，是因为他心里通透超然，才能成功渡过劫难。我似乎懂得了东坡先生的两句词——“半壕春水一城花”“且将新火试新茶”的真正意境。没有谁的一生永远欢歌笑语，永远有阳光朗月。与其自怨自

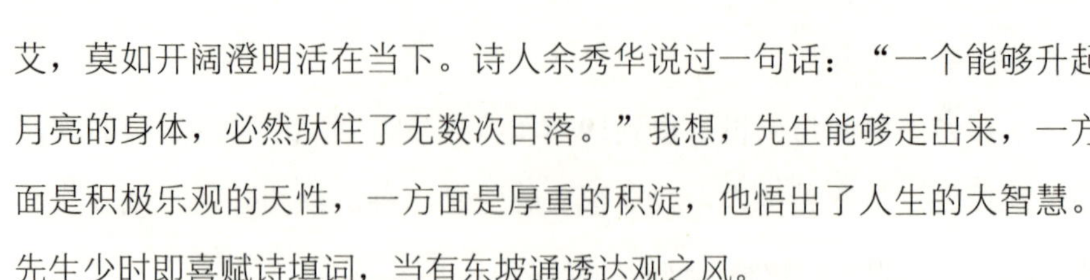

艾，莫如开阔澄明活在当下。诗人余秀华说过一句话：“一个能够升起月亮的身体，必然驮住了无数次日落。”我想，先生能够走出来，一方面是积极乐观的天性，一方面是厚重的积淀，他悟出了人生的大智慧。先生少时即喜赋诗填词，当有东坡通透达观之风。

先生出身于京城书香门第，此后经历榆林、杨陵、北京三地，我想起了东坡先生的“问汝平生功业，黄州惠州儋州”一句。人生成就可用官和俸来论，也可用心境澄明来论，其实人生到达终点时，本就“也无风雨也无晴”，谁也拯救不了谁，最终自己才是自己的摆渡人，能够“不以物喜，不以己悲”，再苦再难，再伤再悲，如果能够敞开心扉，感受岁月的微光，生命之光不灭，就会有生生不息的希望。只要内心平和，尽管此生非我有，但忘却营营，当会不为生活所累，不为情所困，雨后当自会有山头斜照相迎。

写这篇短文时，北京的深秋夜寒露凉，因新冠病毒疫情，社区被封控，心绪烦乱，听窗外寒风扫着落叶沙沙的声响，我在想，人生虽然是时间的函数，但光阴在大多数时候一闪而过，时间往往又是虚无的，留给一个人最值得回味的片段，其实就像电影里的蒙太奇，可能大多是一些苦痛的剪辑，之所以铭心是因其刻骨。

已届知天命之年，我能否在余生像先生那样，有淡定从容平和豁达之心境？有举重若轻之睿智？能否洞悉生命之后放下？与先生相交30年来，学术之获益或可继续感悟，想来人生之获益，就是在他的影响下，读懂了“莫听穿林打叶声，何妨吟啸且徐行”，我想这是先生对我等晚辈的治愈，像千年来东坡先生温润中国人一样。

2022年11月25日夜于北京

我与恩师相处的点点滴滴

汪季

我是2001年9月师从于北京林业大学水土保持学院周心澄教授的，当时内蒙古林学院与内蒙古农牧学院合并为内蒙古农业大学不足三年，我担任外国语学院院长兼体育教学部主任。但我深知，在大学里继续发展下去，不提升学历将会停滞不前，所以下决心去北京林业大学攻读博士学位。

下定决心之后，首先就是选择导师。我多年从事沙漠治理专业的教学、科研工作，经过一番了解，当时北林只有周先生在沙漠治理领域可称得上硕果累累，我就做了一份个人简历直接去周先生办公室，头一次见面不免有点紧张，当我双手把简历递给周先生并表达了想考博士的意愿后，周先生严肃地问我："你是来考学历的还是考北京户口的？"我说："我想学点知识，拓宽眼界，同时获得学位，在大学里也能有更大的发展空间。"先生没有任何表情，直接告诉我："那你考吧。"从进周先生办公室到出来不足20分钟，没有任何寒暄。

第二次见到周先生是经过日日夜夜的辛勤备考，我终于如愿以偿被录取到周先生门下。学校开学典礼完毕，我去周先生那里报道时，他正与朱金兆校长审查学校的新闻视频，我敲门进去后，周先生站起来笑着给朱校长介绍："老朱啊，这是内蒙古农业大学的汪季主任，来当我的博士啦！”

一年的学位课程非常紧张，英语等几门课的压力很大。我知道周先生身为两院院长，工作非常繁忙。学位论文开题时，我向博导组陈述了学位论文的构思，听完开题报告，周先生非常简洁地指出了需要改进的几个地方。博士论文确实需要做脱皮掉肉的努力，三年时间在紧张与繁忙中转眼就过去了，我把博士学位论文呈送周先生，他放下手中的工作认真审阅，并把意见标注在需要修改的地方，非常具体、翔实。当毕业论文答辩顺利通过时，周先生亲自在学校门口的饭店举办了一场庆祝会。

三年的求学之路虽然艰辛，但非常充实，特别是结识了恩师周先生。周先生平时不苟言笑，他总是把对学生的关怀渗透在具体行动中。我博士毕业时，因为内蒙古农业大学面临本科专业合格评估，涉及师资学历结构比例问题，所以学校要求我必须立即返校上岗，我回到学校生态环境学院，主要从事专业教学与科研工作，并负责学院研究生与科研管理。2008年，我主持的国家“948”项目验收在北京汇报完后去拜访周先生，当时周先生正处在手术恢复期，我陪导师去游泳，他向我介绍了自己的病情。对于普通人来说，“癌症”这个词是一个令人毛骨悚然的概念，但周先生却是那么从容，没有博大的胸怀和强大的意志力很难做到如此坦然。

2016年，我主持的国家重点研发计划项目在北京签订计划任务书，仪式结束后我去拜访周先生，我把基本情况向他汇报了一下，他非常高兴。这是第一批国家重点研发计划项目，在全国只有我一个地方二本院校的教授承担项目首席科学家。周先生把我的师弟史常青、尹忠东一起请来为我祝贺，我能感受到他由衷地为我高兴，我也为有这样一位导师而自豪。

与周先生相识已经20多年了，博士毕业后的交往少了很多拘束，多了很多亲密。聊天时从他大学毕业后的遭遇到他工作的经历，我们无话不谈。除了师生关系，我们之间还建立起了一种淳朴的友谊，而且对一些事情的判断也非常默契。

还有一点非常有趣，我和周先生两人都是7月4日的生日。在他70岁生日时，周先生还特别叮嘱师娘为我加了一碗长寿面。

在周先生的培养和教育下，我现在也成为一名博士生导师、二级教授、国家重点研发计划项目首席科学家、国家荒漠生态系统定位站站长。可以说，没有周先生的言传身教，就不会有我今天的成就。2023年是周先生八十大寿，回忆起与导师相处的那些岁月，还是那么亲切，他那种坦然面对逆境的精神令人折服；他那种质朴无华、刚正不阿的气质令人敬重；他那种对弟子体贴入微的关怀令人感动。

衷心祝福恩师周心澄先生健康长寿，生活美满！

2022年10月18日于内蒙古农业大学

一次难忘的野外实习

王守俊

大学期间，每年暑假，学校总要安排野外教学实习。平时在校园里，我每天上课、自习，有时去实验室做实验，周末则出去逛逛街。时间久了，总觉得生活似乎有些单调。去野外实习就不一样了，全班同学到一个从没去过的地方，在老师的带领下，每天早出晚归，开展各种实习活动，虽然是集体行动，也有纪律方面的要求，但却是一种完全不同于校园的生活体验。野外实习总是给人留下许多美好的回忆，令人难忘，而最令人难忘的是大三暑假去新疆吐鲁番开展治沙学野外实习。

治沙学这门专业课是由周心澄老师讲授的。周老师毕业于北京林学院（现北京林业大学），调来我们学校之前，一直在陕北榆林从事治沙科研工作，理论功底深厚，实践经验丰富。当时防护林专业用的治沙学教材，就是由他编写的。周老师上课，既有理论知识讲解，又有实际案例分析，大家都觉得生动有趣，课堂气氛十分活跃。

当治沙学这门课即将完成室内教学任务时，周老师就开始筹划野外实习的时间和地点。实习时间一般安排在刚放暑假或暑假结束前，实习地点往年都是去陕北榆林。到我们那一次，周老师考虑换一个地方。在征求大家意见时，同学们都赞成换一个地方。去哪儿呢？新疆吐鲁番成为一个备选实习地点。一提吐鲁番，同学们都非常高兴，纷纷要求去吐鲁番实习，因为全班同学，谁也没去过吐鲁番，但大家对这个地方多少还是了解一些。实习虽不像是旅游，可一想到吐鲁番的葡萄、哈密瓜，还有火焰山的传说，有谁不愿意去呢？

两个方案：一个是继续去榆林，一个是去吐鲁番。去哪儿，最终由周老师决定。终于，在快要放暑假时，我们收到通知去吐鲁番，从八月下旬开始，历时两周，在新学期开学前结束。当时那份喜悦的心情，简直无法用语言形容。

放暑假了，同学们怀着愉快的心情各自回家，同时也都期待着不久就要开始的吐鲁番之行。实习时间如期而至，从学校到吐鲁番2000多公里，坐火车需要50多个小时，但没有人担心旅途劳累，大家都兴高采烈地背着行李出发了。同行的除了周老师，还有张广军老师和郭建斌老师，打前站的廖超英老师已经提前两天出发了。按照学校公务出差规定，三位老师可以乘坐卧铺，可当时很难买到卧铺票，老师们便和同学们一起坐在硬座车厢里。经过两天三夜的长途旅行，第四天早晨，我们一行30多人终于到达吐鲁番所在的大河沿火车站，列车在缓缓地滑行时，我们看见打前站的廖老师已经在站台上等候着大家了。

火车站距离吐鲁番市区还有40多公里，到了市区才知道真正的实习地点还在几公里之外的新疆林科院治沙试验站。在市区稍事休息，我们继续赶往治沙试验站。试验站规模不大，有几个工作人员常年驻守在站里。试验站地处一个小村庄，有几十户村民，大多是维吾尔族，也有汉族和回族。村庄周边是大片农田，有农田防护林网，这里算是一片小小的绿洲，绿洲边缘是连绵的沙丘。为了试验研究，试验站工作人员在沙丘上栽植了杨、柳、沙枣、梭梭、花棒等各种乔木、灌木。尽管环境条件严酷，大部分树木还是存活下来了，而且长势良好。对于我们的实习来说，这里还真是一个理想的地方。

来到试验站，大家心里都明白，这次野外实习与以往不同，以前都是吃住在当地县城的招待所，而这一次我们将要在这个小村子里安顿下来。试验站工作人员和村民尽其所能，给了我们多方面的帮助，试验站提供了伙房，我们添置了一些炊具，临时食堂就算办起来了；村主任家的胶轮大车则是我们上市区采购物资的唯一交通工具；还有几户村民给我们腾出了自己住的房间，可村民家里没有多余的床，也没有农村的那种大土炕供我们睡觉，怎么办？好在吐鲁番气候极端干旱，即使夏天也很少下雨，虽然户外酷热难当，室内却干燥凉爽，于是我们就在村民家直接打起了地铺。住在村子里，总有各种不方便，早晚洗漱要到几百米外的水渠边，至于洗澡这种事儿，可能谁也没想起过。这样的生活，大家并不觉得有多苦，反而乐在其中，因为每天都能接触到许多新鲜事物：第一次吃新疆特有的食物——馕，第一次看到古老而仍在利用的灌溉工程——坎儿井，等等。

坎儿井并不是井，而是用来引水的暗渠。据史料记载，早在清朝道光年间，新疆吐鲁番、哈密等地就开始大规模修筑坎儿井，吐鲁番分布最多。人们利用坎儿井把几百公里外的高山冰雪融水引到沙漠绿洲，不仅用于农业灌溉，也供日常生活用水。坎儿井的暗渠深埋于地下两三米，每隔一段距离，有一个竖井通向暗渠，开挖这些竖井是为了便于修筑暗渠，以后疏浚暗渠还要用到。在野外劳作的人们，午休时回不了家，就从竖井下到坎儿井里，以躲避地面的酷热。用坎儿井引水，可以有效地减少水分蒸发，防止水质被污染，使宝贵的水资源得到充分利用。到了绿洲边缘，坎儿井变成了明渠，渠水清澈见底，即使在骄阳如火的盛夏，仍冰冷刺骨，喝一口顿觉冰爽甘洌。巧妙的设计、浩大的工程，坎儿井可谓当地劳动人民勤劳智慧的体现。

生活方面的事安顿好以后，周老师把大家召集到一起，安排各项实习任务，全班同学分为几个小组，分别承担林地气象观测、土壤调查、植物标本采集及农村社会调查。每隔几天，各组交叉轮换，这样使得同学们都能参与到各项实习任务中来。

周老师安排的农村社会调查，是以往不曾接触过的一项实习内容。

我们深入到周边村庄，找一个阴凉的地方，大家席地而坐，与村民攀谈，了解他们的生产、生活情况，既了解当时农村实行包产到户以后的现状，也了解过去大集体时候的历史。当时，我并不完全理解，总觉得我们所学专业属于自然科学，而农村社会调查属于社会科学的范畴，与本次实习没有多大的关联性。直到参加工作以后，才有了进一步的认识，并最终完全理解，从事农业农村工作，开展农村经济社会调查是必不可少的工作内容。

实习紧张而有序地进行着，每天都有新的体验和收获。实习间隙，周老师安排大家游览地处吐鲁番市郊的高昌故城和交河故城遗址。参观吐鲁番有名的葡萄沟，则是一个意外的惊喜。

高昌故城和交河故城历史悠久，曾是古丝绸之路上的重镇，玄奘取经时曾路过这里。历经2000多年的沧桑之变，展现在眼前的故城已是一处处残垣断壁，但站在残存的城墙上环顾四周，仍然能够感受到故城雄浑的气势，不禁使人联想到其曾经的繁盛。后来再次看到故城，是观看张艺谋拍摄的电影《英雄》，看着银幕上的画面，不由得想起当年的吐鲁番之行，想起游览故城的种种情形。

葡萄沟地处吐鲁番市郊，距离市区约15公里，据说那里种植的葡萄品质最好，葡萄园规模最大。八月正是吐鲁番瓜果飘香的季节，在葡萄园干活的村民，拿出刚刚采摘的葡萄、哈密瓜款待我们。现在回想起来，那就是迄今为止我吃过的最香甜的葡萄和哈密瓜了。

野外实习接近尾声时，周老师要求大家抓紧时间整理资料，返校以后继续撰写实习报告。只有提交了实习报告，实习才算全部结束。毕业后虽然再没有见过周老师，但总是想起四年的大学生活，想起当年去吐鲁番野外实习，一切仿佛就在昨天。

写于恩师八十寿辰之际

人生道路上的贵人

于江

我1985年大学毕业，工作34年后退休。退休后时常回想起走过的路、迈过的坎，时常想念起记忆深处的引路人。

前不久，与大学同学戴健闲聊，说到几件事，十分有趣。其间，我们聊到周心澄老师，一晃他都快要80岁了，令人不敢相信！参加工作以后，在填写“个人简历表”时，大学时期的“证明人”一栏，我填的都是周心澄老师。

上大学的第三年，我们从西北农学院搬迁到西北林学院邰城路新址。这一年，我们开设了专业基础课——治沙造林学及农田防护林，也因此认识了周心澄老师。那时，周老师40岁左右，他高大魁梧，身着蓝色上衣，身体微微前倾，不紧不慢地登上讲台。他戴着那个年代最流行的黑色宽边眼镜，双眉浓黑，嘴唇厚实，鼻梁挺直，带着胡茬儿的脸充满坚毅和自信。他的普通话十分标准，而且声音清晰洪亮，讲课风格生动大气。他从黑板左上角第一个字落笔，到黑板右下角最后一个标点符号结束，这时下课铃声刚好在楼道里响起。最厉害的是，这一节奏在以后的课堂上屡试屡中，给同学们留下了十分深刻的印象。

在以往的印象中，老师上课都会拿着大开本的教案本，放在讲台上摊开，只有周老师上课时一派无所谓的模样：右手缓缓地从口袋里拿出一张手掌大小的卡片放在讲台上，之后，像“莫合烟”般醇厚而且略带磁性的声音，便会在你的头顶、耳畔萦绕，这种笑傲江湖式的授课，流畅而自在，是那么有“范儿”，可以让学生在愉快轻松的氛围中获得知识、增长见识。印象最深的是，他在讲授全国沙漠分布及特性时，在黑板上寥寥数笔就画出了全国十二大沙地和沙漠的分布图。虽然沙地和沙漠一望无际，但他给你的感觉就是“一览众山小”。最开心的是，他还宣布开卷考试，根本不用死记硬背。然而，当开卷考试的题目一公布时，大家又傻了，虽然是一个月后才交卷，但你必须仔细地把两本厚厚的书反复读过之后，才能从中提炼出一万字的答卷。这样的考试，是我终生都忘不掉的。

1984年秋，我们前往陕北榆林进行治沙课程综合实习，让我第一次真切地感受到了毛乌素沙漠的贫瘠，那里除了沙子还是沙子。周老师领着我们班30名同学，分组开展测量沙地风速、落沙量，垂直剖析沙地土壤，分层采取土壤样本，逐个分析有机含量，采集制作沙生植物标本，测量计算植被密度、覆盖度，以及沙生植物病虫辨析、治理等，让我们切身感受到了沙漠的无边无际、植被的坚韧顽强和治沙人的职责使命。这次实习使我认识到，根深不一定叶茂，只要是活着的植被，其地上部分和地下部分都必须顽强拓展生存空间。

榆林治沙试验站是周老师曾经工作过的地方，当时条件十分艰苦，设施也是简陋陈旧，但试验站对我们的实习却安排得非常周到。试验站有个铺了砖的“大礼堂”，实习期间我们在这里举办了几次联谊活动。那时邓丽君的歌曲开始流行，交谊舞也十分时尚，老师也会时不时被同学们拉起来同大家一起跳。试验站限时供电，联谊活动有时还得靠发电机发电。实习期间，周老师还组织我们瞻仰了延安革命纪念馆，坚定了我们为国家做奉献的信念。我们还参观了红石峡、白云山等名胜古迹，亲身感受了历史的沧桑、治沙人的艰辛和人们对美好生活的向往。在佳县小憩时，我的室友邀请我一起游览了家乡的县城，那时佳县是一个贫

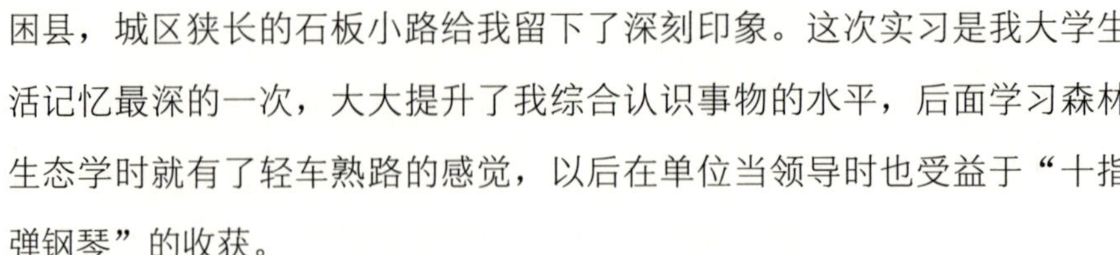

困县，城区狭长的石板小路给我留下了深刻印象。这次实习是我大学生活记忆最深的一次，大大提升了我综合认识事物的水平，后面学习森林生态学时就有了轻车熟路的感觉，以后在单位当领导时也受益于“十指弹钢琴”的收获。

1985年7月，我们作为全国“三北防护林”工程建设培养的首批防护林专业本科毕业生即将离校，大家依依惜别，我们在新校区留下了一张珍贵的合影。

大学毕业后，我回到新疆林业系统工作了30年，其间周老师因工作多次来疆，记忆最深的有两次。

1987年秋，周老师和助教廖超英老师骑着本田100摩托车来到乌鲁木齐，令我颇为意外。他俩从学校出发，途经西北五省，耗时60天，骑行6000多公里，令人惊叹！那个年代，日本进口的电视机、电冰箱都是奢侈品，更别说拥有一辆大马力进口摩托车了，骑行6000公里更是不可思议！周老师返回学校后，这两辆摩托车就暂时由我保管。当时我住在自治区林业厅“苏式平房”的集体宿舍里，那段时间，同事们下班后都会聚集在一起，推出摩托车，轮流在房前40米长的柏油路上来回“过瘾”，现在回想起来还是那么“拉风”！

2005年，恰逢毕业20周年。那年，我还在阿尔泰山林业局工作，正巧与已经担任北京林业大学水土保持学院院长、正在率队进行“北疆万里行”的周老师不期而遇，心情格外激动。欢迎宴会间隙，我向他汇报了单位的情况，特别是林区由木材生产向生态保护的根本性转变的情况，睿智的周老师几句话就讲清了“企业转型”与“人的转型”的关系，让我受益良多！到底是“在发展中保护，在保护中发展”还是“在保护中发展，在发展中保护”呢？周老师的话让我茅塞顿开。在调查研究的基础上，我据此提出了阿尔泰山林业局“五好”建设的思路，收到了良好的效果。

2008年，我调任天山东部国有林管理局工作，我又延伸了这一思路，提出了建设“三经营”“四会”“五好”“十有”的理念，全面提升了森林管护水平，取得了良好的业绩。

每个人的成长、成功，都离不开贵人的指导、提点，周老师就是我人生道路上的贵人，至今仍然点点滴滴，滋润着我的心田。

2022年9月于乌鲁木齐

我的导师周心澄

海春兴

2003年7月，我从北京师范大学博士毕业。当时，我有一个强烈愿望，就是想进入博士后流动站工作。通过与北京林业大学研究生院联系，我初步确定进入水土保持学院从事博士后研究工作。当时，周心澄教授既是水土保持学院的院长，又是博士后流动站的合作导师。

经过北京林业大学研究生院的介绍，周心澄老师与我约好在水土保持学院见面，见面后我们交谈得非常愉快。为了缩短办理入站的时间，周心澄老师详细告诉我如何办理进站手续。如果按照正常办理程序，大概需要一周时间才能完成，但我只用了一上午就办完了。与周心澄老师的第一次接触，给我留下深刻印象。

北京林业大学的博士生和博士后的住房非常紧缺，我进站后，在周心澄老师的帮助下，北京林业大学很快给我解决了两室一厅的楼房一套，以方便我的家属前来北京。住房解决后，又给我提供了完整的办公设备，以方便我的研究工作。

进站不到半年时间，在周心澄老师的指导下，我申请得到了博士后基金，这为我开展研究工作奠定了基础。在站工作期间，尤其是在选题及试验方案设计中，我与周心澄老师进行过多次探讨，他那种兢兢业业、求真务实的工作态度给我留下了深刻印象，对我日后的工作和生活产生很大影响，一直鞭策着我的博士后研究工作。

我进入博士后流动站后不久，周心澄老师年满60岁，从院长岗位退了下来，但他本人退而不休，在培养学生的同时，开始学习驾驶技术，并于60岁后驾车几乎游遍了中国，这种不断进取的精神令人敬佩。

博士后出站后，我回到内蒙古师范大学工作，从事教学、科研和管理工作。针对管理工作，他经常提醒我一定要“张弛有度”，“有度”说明有节制能力。

退休后，他还像年轻人一样组装、拆卸各种电脑，安装家庭音响设备，周末摄影、旅行，兴趣广泛，这种热爱生活、积极乐观的生活态度一直激励着我。

2022年10月10日于呼和浩特

感恩周先生

许 丽

感恩周先生，今生幸遇您：

忘不了您百忙之中，对弟子高屋建瓴的指导；

忘不了您深思熟虑，为论文拟定适合的选题；

忘不了您雪中送炭，为学子配置学习的设备；

忘不了您高瞻远瞩，为后生开辟热点研究方向；

忘不了您慷慨相助，将弟子扶上马送一程；

更忘不了您困境不屈、坚强乐观的人生大格局！

在恩师八十寿辰来临之际，祝福恩师福如东海、寿比南山！

2022年10月13 日弟子拙笔敬献

卓尔经纶传渭水 飘然风至赴香山

——写在周心澄先生八十寿辰之际

朱首军

1982年我考入西北林学院林学系防护林专业学习，1983年周先生从榆林市调入西北林学院工作，1984年下半学期我们班开设了一门沙漠学课程，上课的老师就是周先生。那时还没有教学楼，教室都是平房或活动板房，我们上课的教室叫西三教室。先生走进教室，给人的第一感觉是：“哇——这个老师好帅气！”先生说起话来一口京腔，很有磁性，感觉是很有气派的那种老师。

先生上课时所有内容好像都已印在了脑子里。讲到中国沙漠的分布时，先生更是让同学们一惊，他随手用粉笔在黑板上画了一张中国地图，画得非常像，然后把中国十二大沙地和沙漠标在了这张地图上。为了方便让大家记住这些沙地和沙漠的特征，先生还根据沙漠特征编了一首打油诗：“塔克拉玛干广为首，库姆塔格小而精……”

1986年我毕业留校任辅导员，虽然与先生在业务上没有太多交流，但出于对先生人格魅力的仰慕，始终愿意多和先生在一起，还经常去他的家里。时间长了，先生常会跟我说起他年轻时的一些事情，使我对先生更加敬仰。

先生是一个多才多艺的人，不光教学科研做得好，在文学艺术等方面也非常了得，他写诗、写小说，还画油画。更让我惊奇的是，他年轻时竟然自己组装了一台黑白电视机，这确实让我吃惊不小，要知道先生是学林学的，自己能够组装电视机，可知先生的知识面有多广，对生活的热爱有多深。

1981级到1987级水保系学生对先生应该都有深刻的记忆。那时先生担任学院水保系主任，常常需要给学生做报告，如科研报告、就业报告、人生规划，先生从来不用稿子，张嘴就来，十分风趣幽默，其口才和学养堪称典范。

除了教学科研，先生还在经济领域有所探索。先生是第一个在杨陵开办公司的人，要知道在20世纪80年代老师办公司会遭到很多人的非议，特别是知识分子圈里对经商似乎嗤之以鼻，但先生依然根据自己的想法去做自己想做的事情。受先生启发，20世纪90年代初，我大胆承包了水保系的计算机房，在获得可观经济利益的同时，也收获了经验，丰富了阅历，为后来开办公司奠定了基础。

可惜的是，先生1997年就调去北京林业大学，很少再有机会当面请教了。

先生退休后曾来过陕西两次。

一次是2008年，我和秦向阳、邓民兴陪同先生去大唐芙蓉园，其间观看《大唐盛世》文艺表演大约两小时，先生始终兴趣很浓，一遍不行还看了第二遍，并全程录像。之后一段时间没有再跟先生见面，有一天听他的儿子米京说先生得了结肠癌，做了手术，心里很难受，不由得使我想到同班同宿舍的同学赵红雁，他是先生很欣赏的一个学生，也是得了这个病，可惜做完手术后不到一年就去世了。后来又听米京说先生已经好了，很是为先生高兴。我觉得，先生能够康复，最根本的原因是他面对疾病的心态和对生活的热爱。疾病并不可怕，可怕的是人们常常先被自己的心态打倒。先生乐观的心态值得我们好好学习。

先生第二次来陕西是在疾病康复以后。2017年秋，天气很好，还是我和秦向阳、邓民兴一起陪同先生去游览大明宫遗址公园。从北门走到南门，来回约6公里，先生兴致盎然，边走边看边拍摄，甚至还要再从南门走回北门，我都已经有点受不了，足见先生身体恢复得很好。

先生的优秀品质对我的人生产生了不小影响，感谢先生在学习、生活方方面面的教诲，让我受益终生。在先生八十寿辰之际，写下上面的一些感受，算是学生对先生的衷心祝福。

2022年教师节于西北农林科技大学

我的人生导师

高国雄

先生是我的导师，是对我工作和生活最有影响的人。先生具有艺术家的形象、科学家的精神、诗人的气质，以及超凡脱俗的心态，其人格魅力影响着一众弟子和亲朋好友。

认识先生，是在20世纪90年代初，至今已有32年了。1990年7月，因毕业分配，我从北部边陲——青城呼和浩特，只身来到西北小镇杨陵，先生当时任西北林学院水土保持系副主任、治沙教研室主任，正在主持筹建沙漠治理专业，因此便从国内唯一招收沙漠治理专业的高校——内蒙古林学院招录了正在学习沙漠治理专业的我。自此，32年来，我一直追随先生，踏遍祖国的西北荒漠，开启了我的职业生涯。但真正成为先生的入门弟子，还是10年之后的事了。2004年，我报考了先生的博士研究生，才算正式拜师入门，成为“周师同门”中的一员。

先生是一个传奇的人，拥有传奇的人生经历。用先生的话说，一生兜兜转转，从起点又回到了起点，画了一个圆。

20世纪60年代，先生从北京林学院林业专业毕业，来到陕西，在榆林从事沙漠治理工作，扎根榆林14年，把课堂学到的造林理论应用到沙漠治理实践中，不懈探索沙地综合治理技术，建立了最早的生态循环治理模式，因此获得了国家科技进步奖，走进了人民大会堂领奖，30多岁即评上工程师职称，成为20世纪70年代榆林地区最年轻的工程师。20世纪80年代初，因“三北防护林”建设需要人才，西北林学院筹建水土保持系及水土保持专业，先生又从榆林治沙一线来到小镇杨陵，创建了沙漠治理专业，执教杨陵14年，为国家培养了一大批献身荒漠治理事业的学子。20世纪90年代后期，又辗转回到了北京林业大学，先后当过教务处处长、科研处处长，同时担任林学院院长和水土保持学院院长，被戏称“两院院长”。先生在每个岗位上都做出了非凡的成就，创造了多项全国第一，拿回了众多奖励。

先生的传奇是多方面的。他曾单骑千里赴新疆，驱车万里游北疆；画过画，编过剧，写小说，出诗集；登上人民大会堂，也进过拘留所。20世纪60年代，在上大学期间，在那个特殊年代，由于发表过不合时宜的言论，被关进了拘留所，也因此被派遣到贫穷落后的陕北榆林。然而先生却从不鸣冤叫屈，更不发泄不满、仇视社会，而是引导教育学生端正态度，认真学习，献身我国的荒漠化治理事业。20世纪80年代初，为了考察西北荒漠，40多岁的老师带着一个20多岁的助教，两人骑摩托车从杨陵出发，赴新疆进行荒漠化考察，经历了生死考验，掌握了第一手资料，丰富了课堂教学内容。

21世纪以来，先生组织北京林业大学水土保持学院教工，驱车万里，考察了科尔沁沙地、浑善达克沙地、库布齐沙漠、乌兰布和沙漠、巴丹吉林沙漠、古尔班通古特沙漠、塔克拉玛干沙漠、柴达木盆地沙漠、毛乌素沙地，为政府相关部门提出了荒漠化防治建议。先生的思维超前，看得宽，望得远。早在20世纪80年代，先生就提出沙漠是生态系统的有机组成部分，沙漠应适度治理的见解，但在当时并不被认可，尤其是不被一些行政官员理解，认为是在唱反调。但事实证明，先生的见解是正确的，先生的理论和技术正在指导现代沙漠治理和生态恢复实践。

先生的爱好广泛，诗词书画都有一定造诣。早在20世纪80年代，他就自己动手组装过收音机、电视机、电脑，画过油画，写过小说，做过

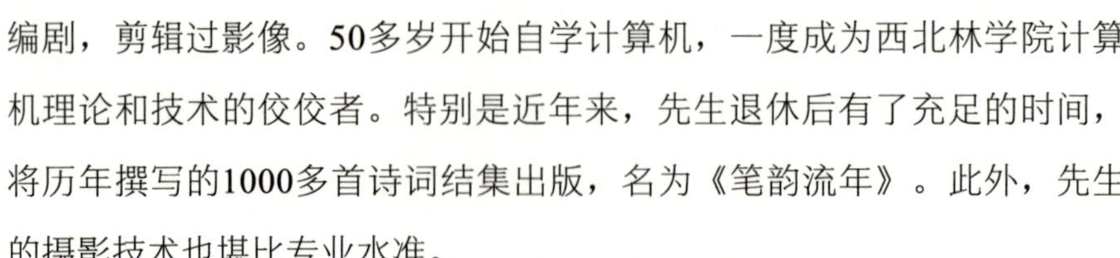

编剧，剪辑过影像。50多岁开始自学计算机，一度成为西北林学院计算机理论和技术的佼佼者。特别是近年来，先生退休后有了充足的时间，将历年撰写的1000多首诗词结集出版，名为《笔韵流年》。此外，先生的摄影技术也堪比专业水准。

先生渊博的学识、开朗的性格、豁达的处事方式，更是我等后辈学习的榜样。跟随先生32年，不曾看到先生红脸发火，尤其对同事、下属和学生，无论年长年幼，都能和睦相处，先生与年长40岁的前辈和年幼40岁的学生都能成为忘年之交。印象中，先生很少先入为主、颐指气使，很少以命令的方式要求下属或学生，总是微笑着聆听，最后才给出建议。先生从不为自己的私事指使同事、下属或学生为自己服务，凡事都自己动手，绝不麻烦别人。也因此，先生很受同事、下属尊重，更受学生喜爱。先生讲课很有艺术，虽然讲课不多，但很受学生欢迎，每堂课都是听者爆满。先生很少给大家开会，对职工、学生的管理很粗放，充分尊重个人的自由发展，但却是一种很有效的管理模式。在退休离职总结会上，先生说："我最大的贡献就是啥也没做"，这也许正是传承了道家"无为而治"的思想，以无为而达到无所不为。老子认为，"我无为，而民自化；我好静，而民自正；我无事，而民自富；我无欲，而民自朴。"先生的管理方式推动了大家的自律、自主，调动了大家的积极性和主动性，先生在任时的每个单位，皆上下和谐、成绩斐然，都成为各单位当时的黄金发展期。

先生的一生是传奇的一生、丰富多彩的一生，也是奋斗不息的一生。先生虽然已年近八旬，但依然孜孜不倦、笔耕不辍，人生能遇到先生这样的导师，实在是一件幸事，值得我辈永远学习。

写于恩师八十寿辰之际

大师风范 诗意人生

周东晓

“大师之为大：以学术立身，以育人为乐，为理想而笃行，为信仰而奋斗。”周心澄先生追求学术卓越，潜心立德树人，读万卷书行万里路，永远追逐着自己的热爱。在我心目中，他就是这样一位深具大师风范的艺术型教授。

1984年，我入学西北林学院水土保持专业，周心澄先生的爱人王芳萍是我的实验课老师，对周先生丰富的学识、儒雅的风范以及他的传奇故事时有耳闻，却一直没有机会亲身聆听周先生的教诲。

初见周先生，他戴着黑框眼镜，镜片背后是一双坚毅、深邃的眼睛，衣着朴素，留着20世纪80年代流行的发型。与他人探讨专业时，他总是一副认真思考的神态，当聊到生活时，又是一副神采飞扬的表情。从他的脸上，我可以清晰地看到他对学术的认真和对艺术的执着。周先生的人生阅历极其丰富，思维十分活跃，爱好非常广泛，涉及绘画、摄影、诗歌等，跑遍了全中国、全世界的沙漠。他治学严谨，为人谦和，是一位睿智且多才多艺的奇人。

与周先生的相识，源于一场精彩的学术报告会。

1987年，周先生与助教廖超英老师骑着摩托车从杨陵出发，前往新疆，落实“中国西部农业自然资源开发研究”课题。这是一场穿越西北

五省（区）的课题研究之旅，全程6000多公里，耗时60余天，途中采集了大量图像和文字资料。

20世纪80年代的出行条件非常艰苦，骑着摩托车，一路风餐露宿，崎岖的山路、干燥的气候，加之长时间的骑行，嘴唇干裂，流血不止。他们一路骑行，越是人烟稀少之地，越是他们所往之处。他们要进入这些地方，观测植被和沙漠状况，并就地取样标记，做科研资料。骑行中，在从星星峡到哈密的“搓板路”上，他不幸摔伤，不得不中途停下来养伤，但这并未改变他们继续前行的兴致和想法。

行进中，周先生在做好研究之余，还将骑行之旅的惊、险、绝、美、雄、壮的风光一一摄入镜头。从平原到沙丘，从沙丘到盆地，从盆地到高山，他们一路观测和研究土壤沙化情况，一路看长河落日、赏大漠孤烟。骑行中，饿了累了，骑行到哪里，无论是小镇路边摊还是酒店小旅馆，都是他们歇脚的地方，让人惊叹其随性、放旷的气质。

周先生新疆之行结束后，在学校做了几场西部考察专题报告会，我慕名跟着听了所有的报告，前来听报告的师生场场爆满。在聆听报告的过程中，我被其开阔的学术思想、严谨的科学精神、精湛的专业造诣所折服，景仰之情油然而生。因此，在毕业之际，我选择周先生作毕业论文指导老师，选题为《榆林治沙树种的选择》，从此开启了我们亦师亦友的美好时光。

周先生不仅对专业具有深厚的理论功底，而且具备丰富的实践经验，见解独到，逻辑性很强，严谨又有耐心，常常为了一个知识点不厌其烦地反复实验、论证，对论文文字表述的要求也非常严格，我的论文页页爬满了他手写的修改意见，其点点滴滴，至今仍历历在目。

周先生不仅治学严谨，做事也雷厉风行，对生活、艺术有着与常人不同的追求，真挚而热烈。印象深刻的是1988年春天，周先生带着我们完成了“榆林治沙树种的选择”课题，当时正值牡丹花开的时节，我们欲前往洛阳赏牡丹，周先生看到大家兴致颇高，毕业论文又已经完成，便当即决定带领我们一行六人前往洛阳。

周先生出生于书香之家，擅长诗词歌赋。在洛阳赏牡丹期间，我们一行六人徜徉在牡丹花海，一边观赏各色竞相绽放的牡丹花，一边听周先生对各类牡丹的介绍。谈起历史典故由来，周先生兴趣盎然，忙得不亦乐乎，时不时在花海里采风拍照，兴致来时还会即兴吟诗，既有名家诗词，也有即兴之作。他对生活的热爱、对艺术的追求，深深地感染了我们。那时那景，此时再忆，已不多见。除了科学研究，周先生一生写了很多诗词，诗词大多是参加会议、走访名山、探亲访友时的即兴而作，首首优美。

通过接触，我了解到周先生在科研领域深耕细作，获得了多项国家级成果，同时创办了陕西省第一个民办研究所，给老百姓带去了很多发家致富的方法。非常有幸，我跟着周先生参与了许多项目。1990年，结合西北农业大学、西北林学院的优质科教资源，杨陵周边大力发展苹果苗木产业，为了引进优质的野生苹果树种子，我跟随周先生跑遍了西部各地，四处考察调研，将新疆的野生苹果种子调入杨陵，指导当地农民种植培育优质苹果种苗。在跑项目的几年里，我们思想与思想交流、智慧与智慧碰撞，这段特殊的经历，让我和周先生建立了非常深厚的亦师亦友的感情。

周先生的大师风范带给了我深远的启示，无论是在学业上还是在生活、事业上，他的教导让我铭记终生，他的情谊让我永存心中。

2022年11月29日

写在后面

凌龙

虽然写过不少著名企业家，但写一位科学家，我从来没有想过，也毫无准备。

对我而言，写《沙与柳——周心澄传略》，完全是一个意外。

2021年夏天，接到挚友刘宁的一个电话。她是我在担任《陕西饲料报》主编兼陕西省饲料厂宣传部部长期间的助手，现在是陕西杨凌绿诚生态技术咨询有限公司的总经理，而陕西杨凌绿诚生态技术咨询有限公司又是西北地区服务于水土保持行业的龙头企业之一。电话中，她说他们董事长的父亲周心澄先生是中国水土保持界的一位权威专家，半个世纪以来，老人写了1000多首旧体诗词，希望我能协助对接一下出版事宜。对我来说，其他事不一定，但这种事并不算太难。于是，我联系了四川省文艺传播促进会副秘书长、成都蓓蕾文化传播有限公司总经理钟靖女士，我们曾经有过许多十分愉快的合作。书出版之后，我也收到了一本，书名叫做《笔韵流年》，装帧颇为雅致。随手一翻，居然读了进去，并且越读越觉得有后味。我发现，书中极少敷衍之作，不仅格律严谨，而且内容皆为真情实感，精品俯拾即是。读罢，我觉得如果换个角度看，周心澄先生的人生其实就是一部现代中国知识分子的命运史。虽然内容是旧体诗词，但内容贴近生活，真切、立体、深厚、开阔，并且画面感极强。

我在想，如果我处在他那样的情境下，将会如何？

我还在想，如果我是电影导演，他的故事我将会怎样表达？

当然，只是想想而已。

刘宁打电话问我读后感，我谈了一下自己的感受。刚好她要去榆林出差，邀我同去，当时刚好有空，就一起去了。此时，我只是将周心澄先生当作一个令人景仰的学者，并没有任何想要写他的打算。

到了榆林，原来周心澄先生的儿子、陕西杨凌绿诚生态技术咨询有限公司董事长周米京也在，他们一起陪我考察了周心澄先生到榆林后的第一个工作单位——马合农场，以及他创建的第一个单位——榆林县治沙试验站（即现在的榆林市榆阳区草原工作站），还有陕西省治沙研究所、黄河水利委员会等单位，当然也去了榆林的地标——镇北台、红石峡，还见到了不少周心澄先生的老同事、老朋友及学生，并带回了十多本史料。

分别时，周米京董事长提出，希望我能为他的父亲写一部纪实体的著作，作为“老爷子八十寿辰”的礼物之一。周心澄先生出生于1944年，现在就做准备，一方面可见其孝心之重，另一方面也可见其真正懂得这种事情的难度。

由于没有思想准备，我当时并未回答可与不可。

周心澄先生既是一位荒漠化治理方面的顶级专家，是教授、博导，同时又是一位杰出的诗词作家，可谓“文武双全”。凡是真正的大家，皆为科学与艺术双栖者，如钱学森，既是中国“火箭之父”，又精通绘画、音乐。写这样一位科学家，除了专业的东西我完全不懂之外，其人生阅历是如此丰富，其文字功底是如此深厚，时间跨度又长达半个多世

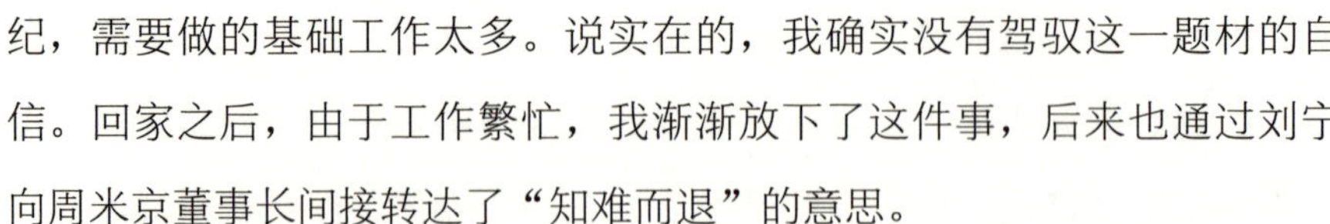

纪，需要做的基础工作太多。说实在的，我确实没有驾驭这一题材的自信。回家之后，由于工作繁忙，我渐渐放下了这件事，后来也通过刘宁向周米京董事长间接转达了“知难而退”的意思。

但是，由于疫情原因，我的许多活动不得不取消，或改为在线上进行，于是有了更多时间。我是一个闲不住的人，一天清晨，我在30层楼的楼顶锻炼身体时，一轮红日猛然从楼群的夹缝中升起，我突然想：在生活中，我们很难碰到像周心澄先生这样典型的素材，而毛乌素沙漠治理的背景又是那么具有震撼力，何况刘宁是我的挚友，且从未向我开过口，而周米京董事长的期待又是如此诚挚，我为什么不试一试呢？

尤其触动我的是，当时《中国地理》杂志正好刊发了一篇文章——《12%的苍茫中国》，我立即被沙漠的辽阔、浩瀚、狂野、任性、壮美所征服。随后，我还从陕西省林业局网站上看到了一条令人振奋的消息：毛乌素沙漠绿化面积已达93%，成为中国第一个被成功绿化的沙漠。

是啊，在这一人类防沙治沙史上少有的壮举中，周心澄先生是当之无愧的功臣之一，且极具代表性，应当试一试的念头便与旭日一起喷薄而出。

接下来，我开始认真浏览所带回的史料，并从在陕北工作的同学那里收集到更多素材，对周心澄先生的认知也渐渐丰满起来。他的人生，既有复杂和丰富的一面，又有简单和明确的一面，只要结构合理，我应当可以尝试着突破一下自己。

此时此刻，前进的路与后退的路一样长，我只能选择前进。

后来，我有了周心澄先生的微信，我们之间交流得十分顺畅，我从中得到了大量第一手资料，以及他本人更多的生活细节。

仔细想来，其实我与周心澄先生已经做过两次“邻居”。

1993年5月至1995年10月，我在陕西省饲料厂当宣传部部长，两家单位只有一墙之隔，我的儿子就在西北林学院幼儿园上学，夏天我还会带着妻子、儿子到学院的草坪上看星星，依稀还记得有穿皮夹克、骑摩托车的老师从身旁飞驰而过的情形，现在能确定的是，那矫健而潇洒的身影，想必就是当年风华正茂的周心澄先生了。

2020年，我应中国农业大学中农创学院院长付文阁教授之邀，担任学院的老师，而中国农业大学恰巧又与北京林业大学一路相隔，而且同属农林院校。闲暇时间，到处转转，顺便去串门也是常有的，只是当时周心澄先生已经退休，好在他的家还在那里。

在正式动笔之前，我还请教了我的老师——一位著名的哲学家，并表达了我的担心。老师告诉我，科学家也是人，你不是写论文、写专著，专业只是你写作人物的背景，背景不能不了解，但你不必成为专家。他说，写周心澄先生这样的人物，“轮廓要清，细部要真”，要始终以刻画人物的个性为出发点，不回避缺点、弱点，要先让人物可信，再让人物可敬、可爱。听了他的话，我心里似乎有了底。我理解，所有好作品都是读者与作者共同完成的，读者已知或应知的应当让读者自己去完成。

时间到了2021年11月1日，我决定在这个未知的领域里做一次长途跋涉。

经验告诉我，与聪明人一起做事，最聪明的做法就是老老实实干活，任何投机取巧的做法都是徒劳的。于是，我选择用最朴素的写法——素描式，对故事本身只做必要的取舍和裁剪，尽可能地让事实本身去说话。我力图把自己当作一介耕夫，日出而作，日落而息，坚持不懈。

在将近两个月夜以继日的劳作之后，有了第一稿。现在大家看到的已经是第六稿了，其中的艰难可想而知。

尽管素面朝天，但我保证，这本书是有心之作、用心之作。

依我看，人物类作品最致命的问题并不是文笔不够优美，而是“太过优美”。经过“化妆”之后，主人公已经被异化为另一个近乎完美的人，这才是大问题。我觉得，如果没有足够的可信度做基础，后面的一切都将失去意义。

我希望这部作品能够成为描述中国现代知识分子的一个另类。我相信，如果能够碰到一位好的导演，它本身就是一部极好的电影题材。在如今的中国，大学生满街跑，大学里高楼林立，但真正的大师却越来越少。如果这篇作品能够让当代大学生和知识分子认识一位大师，也算是我为这个时代、这个国家所做的一份贡献。

写这本书，我诚惶诚恐，生怕自己力所不及。好在周心澄先生本人十分支持和配合，他不但通读了全稿，还做了大量完善和提升方面的工作，给了我莫大的信心。作为科学家的他十分严谨和客观，对书中的细节、事实和图片，亲自做了很多补充和修正。

在这里，我要特别感谢原西北林学院（现合并至西北农林科技大学）李广毅老院长，他是促成周心澄先生从榆林到杨陵、从杨陵到北京的关键人物。他对周心澄先生的评价——“智者，仁者，乃吾师也”，成了本书的“气眼”。

周心慧先生是周心澄先生的弟弟，其学养精深，他的序不仅充满了手足之情，而且目光穿越时空，意蕴深远而辽阔。周米京董事长是周心澄先生的儿子，也是本书的发起者，他的序不仅充满了浓得化不开的父子之情，而且细致入微、情真意切。

在这里，我还要感谢付建华先生，他既是周心澄先生几十年的老朋友，也是周米京董事长在榆林体工队时的教练。他不但给我讲述了许多有关周心澄先生的故事，还为我提供了《榆林记忆》《榆阳纪事》等书籍，其中有很多第一手资料。

周心澄先生在西北林学院工作期间的同事高宝山书记、廖超英老师和当年留校的学生朱首军老师、高国雄老师等，以及在北京林业大学工作期间的同事赵廷宁教授、张宇清院长等，尤其是周心澄先生的家人——续妻及儿子、儿媳，女儿、女婿，甚至孙辈，都提供了不少宝贵的资料或信息，两位女婿更是在繁忙的工作之余通读了原稿，并提出了许多十分宝贵的意见。

我也要感谢来自陕北的两位老同学朱飞云和宋晓峰。朱飞云出生于榆林神木，曾先后在治沙一线当过镇、县、市的领导，对治沙工作颇有心得，他为我提供了不少第一手资料。宋晓峰是延安市政府政策研究室的笔杆子，对荒漠化治理的政策十分熟悉，他不但寄给我许多宝贵资料，还对书稿提出了许多中肯的修改意见。

罗默萱女士不但有着很好的文字功底，而且十分用心，她对书稿提出了上百处修改意见，令人感动。康银怀先生曾经在陕北一所高中做过历史老师，旧体诗词的功力和历史知识的积淀远在我之上。写作这本书时，我得到了他们不厌其烦的帮助。

要感谢的人还有很多，就不在此一一罗列了。

唯愿这本书不辜负所有参与者的努力和所有读者的信任。

2023年6月24日于反而书坊